日本労働法学会誌101号

公務員制度改革と労働法

日本労働法学会編
2003
法律文化社

目　　次

〈シンポジウム〉

公務員制度改革と労働法

〈報　告〉

公務員労働関係法制の改革と公務員の範囲……………清水　　敏　3

行政機関の多様性と労働条件決定システム……………渡辺　　賢　20
　　——独立行政法人を素材として——

公務員労働団体の代表法理………………………………道幸　哲也　39
　　——公務員の労働条件決定システムを支える法理——

〈コメント〉

行政法学の立場から見た公務員制度改革………………晴山　一穂　56

〈シンポジウムの記録〉　公務員制度改革と労働法 ……………… 64

〈個別報告〉　ドイツ法における労働契約と労働者概念……橋本　陽子　90

〈回顧と展望〉

労働条件の変更申込みを伴う雇止めの効力と
　留保付き承諾の可否……………………………………根本　　到　109
　　——日本ヒルトンホテル(本訴)事件・東京地裁平成14・3・11判決——

i

フリーカメラマンの労災認定判決を契機に
　労働者概念を考える……………………………………矢部　恒夫　121
　　　──新宿労基署長（映画撮影技師労災）事件・東京高裁平成14・7・11判決──

〈追　悼〉
畏友・山本吉人君の急逝を悼む………………………………籾井　常喜　130
窪田隼人先生を偲ぶ……………………………………………吉田美喜夫　134

日本学術会議報告………………………………………………西谷　　敏　138
日本労働法学会第104回大会記事………………………………………………141
日本労働法学会第105回大会案内………………………………………………145

公務員制度改革と労働法

〈報　告〉
公務員労働関係法制の改革と公務員の範囲　　　　　　　　　　　清水　敏
行政機関の多様性と労働条件決定システム——独立行政法人を素材として　　渡辺　賢
公務員労働団体の代表法理——公務員の労働条件決定システムを支える法理　道幸哲也
〈コメント〉
行政法学の立場から見た公務員制度改革　　　　　　　　　　　　晴山一穂

公務員労働関係法制の改革と公務員の範囲

清 水 　 敏
（早稲田大学）

I　はじめに

　わが国の公務員法は，制定されてからおよそ半世紀が経過するが，その基本構造は，大きく変更されることなく，今日に至っている。その特色の概要は，第一に，民主的公務員制度の確立，維持を目的にして任命権者の恣意的な人事管理を極度に警戒し，人事管理権限に対し議会・法令による「強力かつ広範な」統制・監視を加えていることである。第二に，公務員の給与等勤務条件の詳細を法令で定めることとするとともに，その運用に際しても人事院による広範な規制が設けられている。この結果，使用者たる任命権者の人事管理権限および勤務条件決定権限は，大きな制約を受け，民間企業における労使関係に比し，著しく異なった労使関係の法的枠組みが設けられている。すなわち，公務員の労働基本権および市民的自由に広範な制約が課せられ，かつ，実務上，その勤務関係が雇用契約関係と解されていないことは周知の通りである。このような労働者の基本権および市民的自由を制約することの是非は，すでにこれまでの労働法学会において論じられてきたところである。[1]
　ところで，最近の公務員制度改革[2]は，主として「官民役割分担論」にもとづく

---

1) たとえば，学会誌労働法27号，39号および44号等参照。
2) 一般に，公務員制度改革とは，「公務員制度改革大綱」以降の国家公務員制度改革およびそれに続くと予想される地方公務員制度改革を意味し，「官民役割分担化論」にもとづく「公務員の範囲」の縮小は，中央省庁の再編等を含む行政改革の一環として取り扱われる。しかし公務員から見ると，両者とも公務員の権利義務に影響を及ぼす，またはそのおそれのある改革であるので，便宜上，本稿においては公務員制度改革とは，両者を含むものとして使用する。

シンポジウム（報告①）

行政の守備範囲の見直しを柱として進められてきたが，現在では改革の焦点が内閣主導の人事行政等を実現するための国家公務員法改正に移行した。すなわち，行政の守備範囲の見直しにかかわる改革は，2001年4月の独立行政法人の設置をもって大きなヤマを超えたが，国家公務員法の改正については，現在改正案が検討されつつある。本稿は，公務員制度改革にともなう「公務員の範囲」の縮小から生ずる国家公務員法上およびILO条約上の問題を検討の課題とする。いうまでもなく「公務員の範囲」が問題となるのは，公務労使関係を規制する法的枠組みが民間のそれと異なっていることを前提とし，公務員であるか否かが労使関係上の権利義務に一定の影響を及ぼすからに他ならない。当面の改革方針において，公務員の基本権等に対する諸制約は「所与の前提」とされているため，本稿も基本的にはそれを前提とすることとする。もっとも，最近において公務員関係労組から改革に関する政府の基本姿勢に対し重大な疑義が提起され，これに関連してILO結社の自由委員会の中間報告[3]が公務員制度改革の手続きおよびその内容について重大な疑問を投げかけたことは周知の通りである。

　この中間報告が今後の改革論議の行方にいかなる影響を及ぼすことになるか即断はできないが，仮にILOの監視機関によって歴史的に形成されてきた国際労働基準が今回の国家公務員法改正に反映されると仮定しても，なお一定範囲の公務員に対し労働基本権の制約が課せられることは避けられないように思われる。したがって，労働基本権制約の内容または程度の問題とは一応別の問題として「公務員の範囲」を検討する意義があると考えるが，今次改革における行政の守備範囲の見直しに伴う「公務員の範囲」の縮小は，この課題を検討するための格好の素材を提供している。そこで本稿では，第一に，「公務員の範囲」の縮小が，当該公務員の担当する職務等との関連で妥当な結果を生みだしているか否か，第二に，この「公務員の範囲」の縮小は，国際労働基準との関連でどのような意味を持つか，の二点に焦点を当てて検討する。この論点の検討に入る前に，今次公務員制度改革の概要と意義について簡単に触れておきたい。

---

3) 連合，全労連等が公務員制度改革に関して2002年2月および3月に結社の自由委員会に申し立てた，2177号および2183号事件について，結社の自由委員会の中間報告（329次報告）が同年11月20日のILO理事会において承認された。

Ⅱ 公務員制度改革の概要と意義

1 公務員制度改革の概要

　今次公務員制度改革にとっての基本法たる「中央省庁等改革基本法」（以下基本法）によれば，その基本理念において「内外の社会経済情勢の変化を踏まえ，国が本来果たすべき役割を重点的に担い，かつ，有効に遂行するにふさわしく，国の行政組織並びに事務及び事業の運営を簡素かつ効率的なものにする」（2条）ことが掲げられた。またその基本方針としては，「国と民間とが分担すべき役割を見直し」，「国の事務及び事業のうち民間……にゆだねることが可能なものはできる限りこれらに委ねること等により，国の行政組織並びに事務及び事業を減量」すること（4条3号）および「国の行政機関における政策の企画立案に関する機能とその実施にかかる機能とを分離することを基本とし，それぞれの機能を高度化すること」等が定められた（4条4号）。そして国の行政組織の減量，効率化等を具体化するための方針として，①「国の事務及び事業の見直しを行い，国の事務及び事業とする必要性が失われ，又は減少しているものについては，民間事業への転換，民間若しくは地方公共団体への移譲又は廃止を進めること」(32条1号)，②民間事業への転換等を行わないとされた事務及び事業のうち，「政策の実施に係るものについては，……独立行政法人の活用等を進め，その自立的及び効率的な運営を図ること」（同条2号），そして③「国の事務及び事業であっても，国が自ら実施する必要性に乏しく，民間に委託して実施する方が効率的であるものについては，民間への委託を進めること」（同条3号）とされた。このように公務員制度改革のひとつの方向は，今次の行政改革において行政の守備範囲を徹底的に見直す方向性を踏まえて進められてきた。これは，市場原理にもとづき，規制緩和と民間化を通して国家の役割を民間活動の補完に限定するものであるといえよう。

　他方，引き続き国の事務に従事する国家公務員については，2001年12月に「公務員制度改革大綱[4]」が閣議決定され，以下のような基本方針が決定された。

4）「大綱」の評価について，神代和欣・森田朗・山口浩一郎「鼎談　公務員制度改革の今／

シンポジウム（報告①）

　「政府全体の人事・組織マネジメントについて……国民を代表する国会に対して責任を持つ内閣及びその構成員たる各府庁の主任大臣等が，行政を支える公務員の人事行政について主体的に責任を持って取り組んでいく枠組みとすることが必要である。さらに，中央人事行政機関等による人事・組織管理面での事前かつ詳細な制度的規制を見直すとともに，内閣及び主任大臣等が機動的・弾力的に人事・組織マネジメントを行っていくことが必要である」。

　この方針にもとづいて具体的に提起されたのは，能力等級制度を含む新人事制度の構築等であり，そこには民間で広く採用されている能力評価制度の公務への導入が明確に提起されている。そのために人事院の有する人事管理権限の相当な部分を内閣または主任大臣に移すことを意図するものであった。それは，公務における労使関係法に大きな影響を及ぼす可能性を含んでいる。すなわち，勤務条件のすべてではないにせよ，勤務条件にも密接なかかわりを有する人事管理権限を任命権者が持つことを意味する。それゆえ任命権者への人事管理権限の付与は，現行公務員法の基本原則の変更を意味するとともに，それが勤務条件に関する限りにおいて，団体交渉など労使関係上の法的枠組みの変更問題を惹起する可能性をもつことを否定できない。[5]

2　公務員制度改革の意味するもの

　ある行政学研究者によれば，わが国の行政文化では，「伝統的に官と民とは

　　後の課題」ジュリスト1226号28頁以下，川田琢之「公務員制度改革大綱の分析——労働法の観点から」ジュリスト1226号68頁以下，山口浩一郎「公務員制度改革の方向と問題」都市問題研究625号16頁以下参照。
5) 「公務員制度改革大綱」およびその後提示された，いわゆる「たたき台」によれば，法律およびそれにもとづいて制定される「政令」等の範囲内で，内閣および担当大臣が人事権限を行使しても，完全なフリーハンドで人事管理権限を行使できるわけではなく，国会の統制が及ぶことは明らかであるから，民主的公務員制度の根幹が危殆に瀕することはないという認識があるように思われる。このような論理を前提にすれば，給与やその他の勤務条件についても，法律に定める大綱にもとづき内閣および担当大臣に決定権限を付与しても，国会のコントロールが及ぶことになるから財政民主主義の原則に反することはないことになろう。「市場主導」の公務員制度改革を実行するのであれば，人事管理権限のみならず，給与その他の勤務条件の決定権限も内閣および担当大臣に付与する方が論理的一貫性を保つことになる。
6) 中邨章「『ガバナンス』時代と行政改革——パラダイム・シフトへの展望」年報行政研究34（1999年）42頁以下参照。

異なる論理や倫理で動くものと見なされてきた。……官と民の混合はできるだけ避けるというのがタテマエになってきた。官の論理や倫理は，利益追求を基本とする民間とは相容れない，そう考えるのが日本ではごく普通の認識である」と指摘している。この指摘は大変興味深く，この「官の論理」および官と民の峻別論こそが，公務労使関係を支配する原理を，民間のそれとは基本的に「異質」なものと解することを促してきた。そしてかかる峻別論こそは，現在の国家公務員法および地方公務員法の根底に存在し，官と民との間に高い「垣根」を設けることの理論的根拠であったと思われる。それは，たとえば，公務員の勤務関係を「非雇用契約関係」として捉えることおよび公務員の担う職務が「多かれ少なかれ公共性を有する」と捉えることによって民間労働者の業務とは本質的相違があることを強調し，公務員の労働基本権および市民的自由を大幅に制約することを正当化するものであったといえよう。

　このような論理が成立する条件は，実態として公務のすべて，または少なくともその大部分を公務員が担うことを前提としており，公務の一端を民間企業労働者が担うことは極めて例外的な現象であることが条件でなければならない。しかし，とくに1970年代以降，従来公務員が担ってきた事務・事業に徐々に民間企業が進出し，公務を民間企業労働者が担う傾向が増大するようになる。たとえば，一部の事務・事業を民間企業または民間人に委託することおよび派遣労働者を受け入れることなどがその典型である。そして今日では，かかる民間労働者なくしては公務の遂行が著しく停滞をきたすといわざるを得ない状況がある。こうして公務を原則として公務員が担うというタテマエは，実態によって大きく動揺させられることになった。今回の行政改革そしてその「延長線上

---

7) なお，今回の公務員制度改革以前に，行政の高度化，多様化，国際化等に対応すべく，任用の弾力化を促進するさまざまな個別立法（公務員法の特別法）が制定された。1997年の任期附き研究員法」，「大学教員等任期法」，1999年の「官民交流法」，2000年の「任期附き職員法」等である。これらの法律は，任期附きの正規職員を国家公務員制度の中に明確に位置づけるものであった。このことは，主として終身的公務員を念頭において制定された現行国家公務員法を部分的に修正し，「非終身的公務員」の存在を公認する意味を持つとともに，官の「内部労働市場」では必要とされる労働力をまかなえず，外部労働市場（民間）から調達する必要が生じたことを示すものである。したがってこの段階において，部分的にせよ，官と民の峻別論は修正を余儀なくされたともいえよう。さらに，「非終身公務員」の制度化は，必ずしも公務員を一生の仕事としない職員を意味するがゆえに，「官か

シンポジウム（報告①）

にある」公務員制度改革の柱の一つは，「官民の役割分担の見直し」を機軸において，公務は「民間活動の補完に徹する」ことを原則とするものであり，市場原理主導の改革という性格を濃厚に持つものであった。したがって上記のように，従来「例外的」に進展してきた事務・事業の民間委託または民営化を追認するのみならず，これをさらに積極的に促す意味を持つものであった。

他方，引き続き公務が担うことになる事務・事業についても，前記の新人事制度の導入は，民間において実施されている人事管理の手法を公務にも導入することを意味するものである。これは，市場原理主導の改革という性格を有するとともに，官の論理は民の論理と本質的に異なるという前提を見直し，官も民から学ぶべきものがあるという前提に立脚するものであろう。

こうして今回の一連の公務員制度改革は，戦後制定された公務員法の基底に存在する考え方を変更する契機を含むものであるとみることができよう。そして改革の具体的な内容は，①公務員法適用対象者の範囲を絞り込み，「公務員の範囲」の縮小を促進すること，②引き続き公務員法を適用される公務員についても，官と民との間に設けられてきた高い「垣根」を低くする方向性を示すものと見ることができよう。[8]

ら民へ」，または「民から官へ」移動する労働者の存在を認識せざるをえない状況に到達したことを意味する。なお，この点について，拙稿「公務における任用の弾力化と公務員法制改革の課題」労働法律旬報1448/9合併号46頁以下参照。

8) このような動向は，1980年代以降イギリスをはじめとする欧米諸国において展開された公務員制度改革と，程度の差こそあれ，軌を一にしている面がある。イギリスのある研究者は，およそ10年前の論文において次のように指摘している。「過去10年間は，多くの西ヨーロッパ諸国におけるパブリックサービスに根本的な変化がもたらされた。……以前公的所有にもとにあった産業およびサービスが民営化され，かつ公務のさまざまな職務が民間委託された。公共部門にとどめられた領域でも，表向きは，効率性を高め，よりおおきな支出に見合う価値（value for money）を達成するために，個別契約化および成果主義賃金制度のような市場主導の雇用慣行を導入する試みがなされてきた。……『民間部門』への移行，公共部門における市場主導の慣行は，公共部門の再定義（redefinition）にくわえて，公的被用者を規律する一連の特有の労働法が存在すべきか否かに関する問題に新たな光を投げかけた」。Gillian S. Morris and Sandra Fredman, 'Is There a Public/Private Labour Law Divide?' 1993 14 Comparative Labour Law Journal, p. 115.

Ⅲ 独立行政法人の設置と「公務員の範囲」

1 「公務員の範囲」縮小の意義

憲法15条が公務員を全体の奉仕者と定めたことの一つの意味は、スポイルズシステムの排除にあるといえよう。これを受けて73条4号により「官吏」の事務は、「法律」の基準に従い、内閣がこれを掌理すると定められている。したがって憲法は、少なくともこの「法律」によってスポイルズシステムを排除することを要請しているといえよう。これは、国の事務・事業の遂行に必要な職務のうち、人事行政の公正さを確保し、公正公平の原則と成績主義の原則を適用することが不可欠な職務に従事する者を公務員として取り扱うことを求めていると思われる。もっとも、いかなる範囲の職務に成績主義等の原則を適用すべきであるかは、憲法からただちに導き出せず、一応立法裁量にゆだねられていると解される。

ところで現行公務員法は、周知のように公務員の範囲をきわめて広くとらえている。国公法は、公務員の定義について特別の規定を設けていないが、人事院が「ある職が国家公務員の職に属するかどうか……を決定する権限を有する」と定めている（2条4項後段）。そしてこれに関する人事院の従来の見解によれば、通常、①国の事務に従事していること、②国の任命権者によって任命されていること、③原則として国から給与を受けていることの三要件を満たすことが必要と解されている。[9] この結果、たとえば定型的な機械的業務に従事する職員をも国家公務員とみなされることになる。しかし他方において、国公法はきわめて厳格な服務規律を定めたため、これが定型的な業務に従事する職員にも適用される結果となる。そのため、戦後の公務員制度改革論議の際には、公務員の範囲を見直す提案もなされてきたところである。

ところで、今次の改革における「公務員の範囲」の縮小は、国家公務員法における公務員の範囲を見直した結果ではない。行政改革によって国の事務・事業の見直しが実施され、その一部が国の事務・事業の範囲から除かれた結果と

---

9) 鹿児島重治・森園幸男・北村勇編『逐条国家公務員法』（1988年、学陽書房）49〜56頁。

シンポジウム（報告①）

して「公務員の範囲」が縮小したことを意味する。

2 独立行政法人の設置
(1) 独立行政法人の事務・事業

「公務員の範囲」との関係で問題となるのは独立行政法人[10]の設置である。独立行政法人は，上記の基本法が定めた基本方針にもとづき，事務および事業を政策立案部門と政策の実施部門に分離することを前提として，政策の実施にかかる事務・事業を分担することとされている。そして基本法によれば，独立行政法人は，「国民生活及び社会経済の安定等の公共上の見地から確実に実施されることが必要な事務及び事業であって，国が自ら主体となって直接に実施する必要のないもののうち，民間の主体にゆだねた場合には必ずしも実施されないおそれがあるもの，又は一の主体に独占して行わせることが必要であるものを効率的かつ効果的に行わせることを目的にして」設置された（基本法36条，独立行政法人通則法2条1項）[11]。これにもとづき主として文教研修施設，医療厚生施設および試験研究機関等89の機関事務が独立行政法人に移行した。さらに，国立大学も大学としての特例措置を講ずることを条件に独立行政法人化することが決定されている。

(2) 特定独立行政法人職員の地位

独立行政法人は，民間企業に類似する自主・自発的経営を可能にする組織として設計されていることとの関係で，独立行政法人職員の勤務関係も，原理的には，全体として雇用契約関係としてとらえ，民間労働者と同様な法令の適用の下に置かれるのにふさわしいものであったといえよう。行革会議においても，

---

10) 独立行政法人についてはたくさんの文献があるが，さしあたり，晴山一穂・浜川清・福家俊朗編著『独立行政法人』(1999年，日本評論社)，独立行政法人制度研究会編『独立行政法人制度の解説』(2001年，第一法規)。
11) 独立行政法人が担う事務が「国が自ら主体となって直接に実施する必要はない」ものであるとすれば，逆に「国が自ら主体となって直接に実施する必要のある」事務・事業とは何かが問題となるが，行革会議最終報告では，次のような事務・事業が例示されている。①私人の権利義務に直接かつ強度の制限等を及ぼす公権力にあたる事務・事業，②その性質上，国が自らの名において行うのでなければ成立しない事務・事業，③災害等国の重大な危機管理に直結し，直接国の責任において実施することが必要な事務・事業

「独立行政法人職員の身分は，原理的には国家公務員の身分ではない」としていることからも，独立行政法人職員の身分は，全体として非公務員とすることが適切と考えられていたと推測される。[12]そして事実，非特定独立行政法人の職員は，非公務員とされ，民間労働者と同一の法的地位に置かれた。その意味で本来的には，独立行政法人の設置は，「公務員の範囲」を縮小するという意味あいをもつものであった思われる。しかしながら，行革会議は，独立行政法人への「円滑な移行等を図るため，身分に関し必要な措置を検討する。この場合，独立行政法人の特色を損なわないことが重要である」として一種の政治的妥協が図られ，国の行政組織から独立行政法人に移行した大部分の独立行政法人を特定独立行政法人とし，その職員には公務員としての身分が付与されることになった（基本法40条4号）。しかし前記のように，実務上の国家公務員の定義を前提にすれば，国の行政組織に属さない組織の職員を国家公務員とみなす立法政策には違和感があったことは否定できない。

ところで公務員の身分を付与されたとはいえ，国公法の適用は，かつての現業公務員と同様に限定されているのみならず，職員の定数は，従来と異なり総定員法にもとづく管理の対象から除かれた。しかも，中期計画の終了時において独立行政法人の事務・事業の廃止を含めた主務大臣の広範な裁量権限が付与されていることに留意すれば，今後，漸進的に非特定独立行政法人への移行もあながち否定できないようにもみえる。以上のことを考慮するならば，独立行政法人の設置は，「公務員の範囲」を縮小する政策の流れの中で捉えることが適切であるといえよう。

IV 非常勤職員と「公務員の範囲」

前記のように，国の事務・事業を見直しの結果として，主として政策実施部

---

[12] 行政組織研究会によれば，特定独立行政法人という制度は，「行政改革会議の議論の経緯として，独立行政法人という制度を創設するにあたり余儀なくされた政治的妥協の結果であるという面は否定しがたい……」という（「中央省庁等改革関連法律の理論的検討（四・完）」自治研究76巻12号35頁）。

シンポジウム（報告①）

門に属する職員が公務員法の規制を全面的または部分的に免れることになったが，それとの均衡上，引き続き政策立案部門に属し，したがって国家公務員法が適用される職員の中には，その職務内容から同法を適用することが必ずしもふさわしくないと思われるものが生じることになった。ここにおける検討対象は，さしあたり非常勤職員である。

1 非常勤職員

　期限付き任用の非常勤職員[13]は，いわば公務におけるパートタイム労働者であるが，従事する業務は多様であり，正規職員とほとんど変わらない職務に，同様の勤務形態で勤務する職員も存在するが，一般的には補助的な業務に従事している例が圧倒的だと推測され，かつ，一般に任用期間に定めがあり，終身的公務員ではない。しかし前記の公務員の定義によれば，非常勤職員も，国の事務・事業に従事し，国の任命権者によって任命され，かつ国から給与を受けているわけであるから，まぎれもない国家公務員であり，全面的に国公法の適用を受けている。しかしこのような職員の勤務関係を，主として終身的任用を前提とした公務員法によって規律をすることには，さまざまな矛盾に遭遇することになる。

　たとえば，非常勤職員のうち非現業部門の職員は，公務員法が全面的に適用になるにもかかわらず，実際には人事院勧告制度の適用対象から除かれている。また，身分保障制度も任用期間が1年以内であることが多いため，実際にはほとんど意味をもたない。そして，短期任用期間更新後の雇止めに際しても，判例上，その勤務関係が通常の雇用契約関係ではないとされているため，解雇権濫用の法理を適用する余地はないと解されている。それにもかかわらず，非常勤職員には公務員法の服務に関する規定がほぼ全面適用されるため，正規職員と同様に労働基本権等の制約に服することになる。

　非常勤職員の雇止めに解雇権濫用の法理を適用できないことは判例上確立し

---

13) 非常勤職員の法的地位については，川田琢之「公務員制度における非典型労働力の活用に関する法律問題（一），（二），（三）」法学協会雑誌116巻9号，10号，11号が詳細な検討を加えている。

14) 大阪大学事件・最判平成6．7．17労判655号14頁。なお，川田前掲論文（二）1616頁以下参照。

ているといいうる状況にあるにもかかわらず，雇止めをめぐる訴訟が繰り返し提起されている。これは，実務上，非常勤職員の任用について深刻な矛盾が存在していることをうかがわせるものである。かかる状況を考慮してのことであろうか，人事院は，2002年8月の「給与等に関する報告と給与改定に関する勧告」において，はじめて非常勤職員の問題が今後の公務員制度改革における一つの課題であることを明らかにした。

非常勤職員についての人事院の考え方は，担当する職務内容を整理したうえで，非常勤職員の公務員法における位置づけを明確にし，処遇の改善をはかろうとするものといえよう。したがって人事院は，引き続き非常勤職員を公務員法の枠内で取り扱うことを予定しているようである。これは，たしかに一つの選択肢であり，非常勤職員の処遇改善につながる可能性があることは否定できない。しかし，現時点における紛争の多くが「雇止め」に関係していることに着目すれば，解雇権濫用の法理を適用できる方途を模索することが紛争解決にはとって有効ではなかろうか。

また，非常勤職員の中には，職員団体ではなく，民間労働者が中心となって組織された労働組合に加入し，その労働組合が任命権者に団体交渉を求め，拒否されて紛争になる事案がいくつか見られる。この問題は，非常勤職員固有の問題とはいえず，基本的には登録制度の見直しに関する問題であるが，現行制度から生ずる矛盾を早急に取り除くために，とりあえず非常勤職員を非公務員化することも考慮されるべきであろう。

2　非公務員の雇用と法

非常勤職員を公務員法の適用から除くことが立法政策上適切であるとしても，

---

15) 人事院月報637号（2002年9月）53頁。
16) 八尾市・八尾市教育委員会事件・大阪地労委決定平成11．12．24労判779号88頁，加茂町事件・京都地労委決定平成12．9．25労判793号93頁，類似の事件として神戸市・神戸教育委員会事件・大阪地労委決定・平成12．11．29労判795号9頁。
17) 官民交流にもとづく任期付きの正規職員については，その職務内容によるが，とくに高度の公共性を有する職務でない限りは，かかる職員が任用期限満了後，民間企業に戻ることを考慮するならば，立法政策上は，非常勤職員と同様の扱いをすることも考えられる。

それは，国または地方公共団体が非公務員を雇用すること，すなわち，非常勤職員等を雇用契約にもとづいて雇用することを意味する。しかし，国家公務員法2条6項は，特別職および一般職以外の職員を雇用することを禁じているため，その改正が必要となる（地方公務員法には，該当する規定が存在しないが，国公法と同様に解釈されている）。しかし，その前提として，憲法は，国や地方公共団体が雇用契約にもとづいて労働者を雇用することを許容するか否かを検討する必要があろう。[18]

前記のように，憲法は，公務員の定義を設けていないが，15条が公務員の全体の奉仕者性を定めていることを考慮すれば，国または地方公共団体と勤務関係を有する職員を公務員と扱うべきか否かは，一般的には当該職員の従事する職が，人事行政の公正さを確保し，公開平等の原則ならびに成績主義の原則を適用すべきものであるか否かで決すべきことになろう。このような原則を適用すべき職の具体的範囲は，前記のように立法裁量にゆだねられることになろう。そして，非常勤職員が期限付き任用職員として補助的業務に従事するかぎりにおいて，その雇用および勤務条件について議会統制から除外することとしても，実質的に猟官制の排除を要請する憲法に違反することにはならず，非公務員として，したがって雇用契約にもとづく労働者として国等に雇用されることを可能にする立法措置も憲法に反することはないと考える。

もっとも，非公務員といえども，国または地方公共団体が賃金を支払う以上，財政的なコントロールを全面的に排除することが可能か否かが問題となる。し

---

18) 国または地方公共団体が一定範囲の事務に従事する職員を契約にもとづいて雇用するという提案は，決して新しいものではなく，すでに昭和30年（1955年）に公務員制度調査会が「公務員制度改革に関する答申」（昭和30年11月15日）において提起した論点である。しかしこの答申は，国家公務員を，国民全体に奉仕すべき「特別の勤務関係」に立つ者として位置づけようとしたこと，または国家公務員に「忠実義務」を課そうとしたこととあいまって，一定範囲の職員を公務員から除くことは，戦前の「身分階層的官吏制度への逆戻り」として強く批判され，実現には至らなかったといわれている。そして現在でもこのような「逆戻り」がまったくないとはいいきれず，慎重に対処する必要がある。しかし現在でも正規職員と非常勤職員との間には決して合理的とはいえない処遇の格差が存在することは否定できない。非常勤職員を引き続き公務員法のなかにとどめることによっては，その処遇改善を展望することは困難であり，むしろ法律上は，民間のパート労働者と同一の地位に置いて，民間パート労働者の処遇改善と歩調を合わせることが妥当だと思われる。

かし使用者たる主務大臣または内閣は，かかる労働者の勤務条件について国会による統制から無関係ではなく，説明責任を負うことはいうまでもなく，間接的な統制は当然に及ぶこととなる。また，賃金に関する事項を国会への報告事項にすること，またはこのような職員の職務内容，給与その他の勤務条件をホームページ等で公開することによって，国民または住民によるコントロールも可能であると考える。

V 国際労働基準と「公務員の範囲」

1 ILO 98号条約における「国の行政に従事する公務員」

今次の行政改革にともなう「公務員の範囲」の縮小にともなって生ずる第二の問題は，ILO 98号条約第6条との関係である。周知のように，ILO 98号（団結権および団体交渉権についての原則の適用に関する）条約は，第4条において，労使間における自主的交渉を促進するために，必要がある場合には，国内事情に適する措置をとることを政府に義務づけている。しかし他方において，第6条は，「この条約は，国の行政に携わる公務員の地位を取り扱うものではなく，また，その権利または分限に影響を及ぼすものと解してはならない」と規定している。この6条の規定をめぐっては，従来からILOにおいて「国の行政に携わる公務員」の範囲が問題となり，かつわが国の国家公務員法もかつて結社の自由委員会における審理の対象となった。たとえば，179号事件においては，非現業公務員に対する団体交渉権および労働協約締結権の否認は98号条約に違反する旨の申立てがなされたが，結社の自由委員会は，「当該公務員がまさしく98号条約第6条において想定されている法定の勤務条件を享有する者であることに留意し」，非現業職員が「法律上，交渉することは認められるが，労働協約を締結することは認められない」とするわが国家公務員法の取扱いは，「この種の公務員について他の諸国においてももっとも一般的に承認されている原則に従ったものである」として関係労働組合の申立てを斥けていた。[19] しか

---

19) 179号事件54次報告179項。

シンポジウム（報告①）

しながら，教師，医療従事者および研究者を含むわが国の非現業公務員を全体として「国の行政に従事する公務員」と見なすことは，当時における結社の自由委員会の一般的見解に照らしても疑義のあるところであった[20]。

ところで前記のように，今次のわが国における公務員制度改革の結果として，国立病院および研究所等は特定独立行政法人に移行し，国立大学の独立行政法人化も決定されている。この改革によって従来明らかに疑義のあった職務に従事する職員が非現業公務員の範囲から除かれたわけである。その結果，引続き国家公務員法が全面的に適用される職員について，これが98号条約6条にいう「国の行政に従事する公務員」に該当するか否かが問題となろう。

近年において条約勧告適用専門家委員会は，「国の行政に従事する公務員」の範囲について，以下のように述べている。

「委員会は，大きなカテゴリーの労働者が国の行政に従事する公務員（public officials）と形式的に同一の地位におかれているという理由のみで，彼らを条約の文言から除外することを許容できない。したがって，一方においてその職務上，国の行政に直接に雇用されている公務員（public servants）（たとえば，いくつかの国において，政府各省およびその他類似の機関に雇用される公務員（civil servants）およびその補助的スタッフ）で，条約の範囲から除外されうる者と，他方において，政府，企業もしくは公社公団等に雇用されている他のすべての，条約に定められている保障を享受すべき者が区別されなければならない。これに関連して，委員会は，公務員（public servants）がホワイトカラーであるという事実のみでは『国の行政に従事する』公務員としての要件をそれ自体で満たすものではないことを強調する。もしそのように扱われるならば，98号条約は，その範囲から多くの者を奪われることになってしまうであろう[21]」。

---

20) 中山和久『ILOと労働基本権』(1963年，日本評論社) 60～61頁，政府は，今でも，この結社の自由委員会の見解を根拠に非現業公務員の団体交渉権および争議権の否認は，正当であると主張している。「ILO結社の自由委員会の中間報告について」(2002年11月20日付け総務省見解)参照。

21) ILO編（初岡昌一郎役・解説）『結社の自由と団体交渉──ILO条約勧告適用専門家委員会報告』(1994年，日本評論社) 153～154頁 (200項)。同様に，昨年末にわが国政府に宛てられた結社の自由委員会の中間報告においても同様の見解が示されている。

この見解にもとづいて「国の行政に従事する公務員」という基準をわが国の問題に適用しようとする場合においても，なお曖昧さを残していることは否定できない。すなわち，そこで使用されている「public officials」および「civil servants」が具体的にいかなる範囲の公務員を意味するのかが必ずしも明確ではないからである。したがって，教育，医療および研究職の大部分が独立行政法人に移行された現在においても，わが国の国公法適用公務員は，条約にいう「国の行政に従事する公務員」に該当するとはにわかに断じがたい[22]。しかしながら，従来に比して両者の範囲が相当程度近づいたことは否定できないのではあるまいか[23]。

2 「国の行政に従事する公務員」と参加

ところでかりに非現業国家公務員が「国の行政に従事する公務員」であると解釈できるとした場合であっても，かかる職員を勤務条件決定過程からすべて排除することは許されないというのがILOの現在の見解である。たとえば，昨年末に提示された中間報告において，結社の自由委員会は，「公務において団体交渉権のような基本的権利が禁じられまたは制限される場合には，あらゆる段階において当事者が参加でき，裁定がいったん出された場合には完全かつ迅速に実施される迅速かつ公平な仲裁手続きのような十分な保障が……措置されるべきである」と指摘している[24]。

また，周知のように，主として1960年代以降，ILOは，公務員の団結権および団体交渉権の保護について精力的な取組みを展開し，1978年に労働関係[25]

---

22) 前記のように，非常勤職員が公務員法の適用対象とされていることも，「断定」できない根拠の一つである。
23) わが国の地方公務員と「国の行政に従事する公務員」との関係も検討課題である。2002年11月における結社の自由委員会の中間報告には，わが国の地方公務員も「国の行政に従事する公務員」に該当しないわけではないことを示唆する表現が含まれている（644項，645項）。しかし，これは地方公務員全体が「国の行政に従事する公務員」に該当することまで断定したものではないと思われる。
24) 結社の自由委員会329次報告648項。
25) この条約採択へ向けてのILOの諸活動について，中山和久『公務員の労働基本権』（1972年，労働旬報社）を参照。とくに，「国の行政に従事する公務員」に関しては，同書24～27頁参照。

（公務）条約（151号）を採択した[26]。同条約では、「公の機関が雇用するすべての者」（1条）に関して、「雇用条件の交渉のための手続き又は雇用条件決定への公的被用者の代表者の参加を可能にするその他の方法」を定めている（7条）。したがって勤務条件を決定するに際して、公務労働組合の団体交渉またはその他の形態の参加を可能にする措置が要求されている。また、紛争解決に際しては、「当事者間の交渉」または「あっせん、調停または仲裁等の関係当事者の信頼を確保するような方法で設定された独立かつ公平な手続き」によって解決を図るものとしている（8条）。

こうしてILOの現在の立場によれば、「国の行政に従事する公務員」といえども、その勤務条件の一方的な決定は許されず、少なくとも、雇用条件の決定に際しては、「公的被用者の代表者の参加を可能にするその他の方法」が必要であり、その紛争解決は、「あっせん、調停または仲裁等の関係当事者の信頼を確保するような方法で設定された独立かつ公平な手続き」によるべきことになろう。

Ⅵ　まとめにかえて

「公務員の範囲」の縮小は、広い意味における公務の担い手をもはや公務員に限定せず、多様な雇用形態の民間労働者を公務において積極的に雇用する政策意思の表明であった。また、公務員任用形態も多様化しつつあり、非終身的公務員制度も設けられ、公務員像も変化の兆しがある。さらに、労使関係の法的枠組みの「官民格差」を縮小するかのような微かな動向も見て取れないわけではない。近年におけるこのような公務員労使関係法制の改革は、しばしば「市場主導」といわれるが、それにもかかわらず、市場主義原理が必ずしも貫徹されていないといわざるを得ない現象に少なからず遭遇する[27]。たとえば、特

---

26)　中山和久編著『教材国際労働法』（1998年、三省堂）206頁以下参照。
27)　もっとも、イギリスにおいても、公務労使関係の法的枠組みについて「市場原理」が必ずしも貫徹しているわけではない。この点について、拙稿「イギリス国家公務員と雇用契約」行財政研究51号（2002年12月）37～41頁参照。

定独立行政法人における争議行為の禁止，および「大綱」にみられる任命権者に対して人事管理権限のみを付与する方策がその典型であろう。同じように，改革の旗印となっているグローバル・スタンダードは，現在進行しつつある公務員労使関係法制に関するかぎり，ほとんど反映されていない。これらは，全体として，今次改革を導く基本原理の不徹底という批判を免れないのではなかろうか。

(しみず　さとし)

行政機関の多様性と労働条件決定システム
——独立行政法人を素材として——

渡 辺 賢
（帝塚山大学）

I はしがき

　現行実定法は，多様な「労働」条件決定システムを設定している。本稿の目的は，それらの「労働」条件決定システムの下で，どのような「労使」間「交渉」が行われ，あるいは想定されうるのか，各々の「交渉」にはどのような意味を見出すことができるのか，そして各「交渉」はいかなる法的性格を有するかを検討することである。

　このような問題関心から，公務を運営している機関を行政機関というとすれば，分析対象となる行政機関に雇われている者として，現行の非現業公務員，特定独立行政法人職員，非特定独立行政法人職員，現業公務員が考えられる。しかし，本稿では分析の中心を独立行政法人（以下「独法」と略）に置くこととする[1]。なぜなら，独法は，多様な「労働」条件決定システムの特徴の断片を取り込みつつ，一個の労働条件決定システムを構成しているといえるからである。

　独法職員の労働条件は，誤解を恐れずにおおざっぱにいえば，公務員法的な決定システムに支配される要素と，私企業的な決定システムに支配される要素に大きく分けることができる。本稿では，全体のテーマとのかねあいと筆者自身の問題関心から，主として公務員法的な要素に着目して，分析を進める。

　ところで，独法職員の労働条件は，独法が設立されると同時に突如として独法によって決定されるわけではない。独法移行前に，主務大臣や「当局」等に

---

[1] 換言すれば，ここでの「行政機関」の使い方は行政法学上の「行政主体」に対する意味での「行政機関」概念でも，また国家行政組織法上の行政機関でもない。

よって大半は決定されることとなる。独法移行後の労働条件の内容に組合が関与しようとすれば、組合は移行前から一定の相手方と、移行後の労働条件について、「交渉」する必要に迫られる。この「交渉」は、独法移行前であるから、当然公務員法適用下で行われることとなる。そこでまず、現行の国家公務員法（以下「国公法」と略）の下での勤務条件決定システムと、そこで展開されている職員団体による「交渉」の概要を見る。

なお、本稿では、広く事実としての交渉を「交渉」と呼ぶこととする。

II 非現業公務員の勤務関係と職員団体の「交渉」

1 制度の確認

現行の国家公務員法制は、一方では、公務員の勤務条件を相当詳密に規律し、また「書面による協定」（地方公務員法（以下「地公法」と略）55条9項参照）を認める明文の規定もない。しかし他方で、当局と職員団体との交渉を認め、かつ、当局を交渉の申入れに「応ずべき地位」に立つものと規定（国公法108条の5第1項）している。このように非常に制約された交渉制度の下で、いかなる「交渉」が考えられるかを見てみる。

初めに勤務条件決定のあり方につき確認する。本来具体例を挙げた例証を要するが、本稿では、次の6つのパターンがあることを指摘するにとどめる。[2]すなわち、①法律自体が勤務条件の具体的内容を決定しているもの（例えば一般職の給与に関する法律（以下「給与法」と略）11条の9の定める住居手当等）、②人事院勧告、③法律が基準を設定し、その委任を受けて人事院規則（以下「人規」と略）が具体的内容を決定するもの（例えば給与法11条の3に定める調整手当）、④法律が大綱的要件を規定し、これを受けて人規が基準を示し、最終的な要件適合性の認定は人事権者が判断するもの（手当関係では勤勉手当が典型。人事については国公法35条・55条を受け人規8—12「職員の任免」）、⑤法律に基づき人事権者が基準・適用権限を有するもの（勤務時間・休暇等。勤務評定は微妙であるがこれ

---

[2] 現行の非現業国家公務員の勤務条件決定の具体的あり方については拙稿「適正手続保障としての労働基本権（二・完）」帝塚山法学6号106〜117頁参照。

シンポジウム（報告②）

に該当するというべきか），⑥法令による規律が全くないもの（例えば開庁閉庁時間の延長に伴い勤務が交代制となった際の交番表の作成がその例としては考えられる）である。現行の国家公務員法制下では，規律密度の精粗を別とすれば，公務員の勤務条件の大半に法令による規律が及んでおり，⑥のパターンはごく限られた領域に残されているだけといってよい。

2 「交渉」の態様

これら勤務条件決定のあり方は，勤務条件決定権者が誰かという点と，決定対象となる勤務条件の内容によって，5つのパターンに分けられたのである。従って，各々で異なる「交渉」の態様があり得ることとなる。そこで次に，どのような「交渉」が実際に展開されているか，概観する。

第一に勤務条件を決定している法律の制定・改廃といった，いわば制度改革過程における「交渉」（前記①の場合）については，公務員制度改革大綱の決定プロセスを例としてみておく（以下この文脈において「交渉」または「交渉協議」とは，筆者が参照した文献中に用いられている言葉をそのまま用いている）。そこでは2000年12月1日の「行政改革大綱」の閣議決定以降，連合は，行革推進事務局長・石原行革担当大臣・行革推進事務局等と「交渉」を重ねている[3]。その過程で次の二点が注目される。一つは，2001年6月12日，第89回 ILO 総会で，日本政府は，「公務員制度改革の基本設計」提示（同年6月29日に行革推進本部で決定）後も，制度の具体的内容については職員団体等の関係者と誠実に「交渉協議」するとの見解を示したこと[4]，もう一つは，同年12月25日「公務員制度改革大綱」が閣議決定された後，今後の検討のあり方等につき，連合は，「交渉・協議」を強く要求し，実際に推進事務局と「交渉・協議」を行っており，これ

---

3) この間の一連の交渉経緯を組合側からまとめたものとして連合官公部門連絡会労働基本権確立・公務員制度改革対策本部『討議資料 No.5「公務員制度改革大綱」とその問題点』(2002年) 95～106頁参照。
4) 連合官公部門連絡会労働基本権確立・公務員制度改革対策本部『討議資料 No.3「公務員制度改革の基本設計」とその問題点』(2001年) 57頁に，このときの日本政府の見解が掲載されている。
5) 連合官公部門連絡会労働基本権確立・公務員制度改革対策本部『討議資料 No.6「行政職に関する新人事制度第2次原案」とその問題点』(2002年) 3頁参照。

を推進事務局側も、「交渉・協議」として了承しているようであることである[5]。

　第二に、人勧(前記②の場合)については、組合は、春闘の時期には人事院総裁・総務大臣と「交渉」し回答を得、人勧が出される時期には人事院勤務条件局長・人事院総裁と「交渉」し、人勧実施のための給与法改正に関しては、主要な給与関係閣僚である官房長官・総務大臣・厚生労働大臣・財務大臣に要求書を提出しているようである[6]。

　第三に、要件適合性の認定も含め、人事院が決定権限を有する事項に関しては、職員団体が人事院に対し要求を提出し、人事院と「交渉」を行い、議事録を双方で整理・確認した後、職員団体全体に連絡・周知するというプロセスがとられるようである。勤務条件決定のあり方のパターンでいえば前記③(人規による勤務条件の具体的内容決定)及び④(人規による基準設定)の形で人事院が権限を行使することとの関係で行われる「交渉」がこれにあたる。

　第四に、各省各庁の長等が当局として決定権限を有する事項については、職員団体と当局が、全体の基準・配分・具体的実施内容等につき交渉し、議事録整理の後、全体に連絡・周知するというプロセスのようである。前記④⑤の形で人事権者が基準設定・適用権限を行使することとの関係で行われる「交渉」がこれにあたる。前記⑥の形で勤務条件が決定される場合もこれにあたる「交渉」が行われる理論的可能性はあろう(例えば交番表を二交代で作成するか、三交代とするかなど)。

　第五に、制度の運用等に対する苦情については、構成員からの要求提起に対して職員団体内部で意見集約し、各部署の長等と「交渉」を行った上、議事録整理の後、全体に連絡・周知するというプロセスのようである[7]。前記④⑤の形で人事権者が実際に個別の職員との関係で適用権限を行使した際、例えば不利益取扱があったといったことを理由として、その是正を求めて行われる「交渉」などがこれにあたる。前記⑥の形で勤務条件が決定される場合もこれにあ

---

6) 日本公務員労働組合共闘会議『2001年人事院勧告・報告の解説《その内容と問題点》』(2001年) 53～79頁参照。

7) 第三から第五のパターンがあることについては、岩岬修氏(公務員労働組合連絡会事務局次長)・大塚実氏(全農林労働組合中央本部)にインタビューしご教示いただいた。この場をかりてご教示に対して厚くお礼申し上げます。

たる「交渉」が行われることがあり得よう（例えば交番表作成の際職員に対する不利益取扱がなされたなど）。

3 「交渉」の類型

このような「交渉」を，各々の「交渉」事項の性格との関係でやや抽象化してまとめると，法制度の改革をめぐる制度改革型「交渉」（前記1①の場面），人勧をめぐる人勧「交渉」，制度の下で設定される基準をめぐる基準設定型「交渉」（前記1④⑤で人事院・人事権者が基準設定を行う場面での「交渉」，及び前記1⑥の領域で基準設定を行う場面での「交渉」），基準を具体化する場面で想定できる基準具体化「交渉」（前記1③④⑤で基準を具体化する権限を有する各行政機関がその権限を行使する場面で想定できる「交渉」，及び前記1⑥の領域で基準を具体化する作業の際行われると想定できる「交渉」），及び基準の適用その他日常的な不満をめぐる苦情処理的「交渉」（これは制度の具体的運用その他日常的な不満をめぐるものであるから，④⑤⑥のいずれでも想定できる）に分けることができる。

それぞれの間では，「交渉」の当事者・性格・情報流通の態様（方向性）に違いがある。そのため，各々の「交渉」に適用されるルールも異なるものと考えられる。この点の立ち入った検討は後日の課題とするが，「交渉」の性格との関係で，一点だけここで指摘したい。それは，前記1⑥の領域で想定できる「交渉」は，他の場面で想定できる「交渉」と相当程度異質ではないか，ということである。法令による規律がないということは，当事者による自主的な規律に委ねられている領域，すなわち共同決定的な交渉が機能し得る領域であるとみる余地があるからである。それ以外の勤務条件決定領域で行われる「交渉」は，法令（究極的には法律）により割り当てられた決定権限行使者による決定権限の行使を掣肘するものとして理解すべきものと筆者は考えている。

Ⅲ 独立行政法人の労働条件決定システムと「交渉」

1 制度の確認

以下、本稿の中心となる、独法の労働条件決定システムにつき考察する。まず、独法の業務内容決定制度を次頁で図示した。そのポイントは、第一に、個別法が業務範囲を指定し、主務大臣が中期目標を決定し、各独法が中期計画・年度計画を作成すること、第二に、中期目標終了時の各省評価委員会の評価を受けて、改めて中期目標の設定が行われること[8]、第三に、個別法制定時に行われる様々な「交渉」は、本来的には中期目標・中期計画等をめぐるものとは別個のもののはずであること、にある。

次に独法の労働条件決定システムを概観する。独立行政法人通則法（以下「通則法」と略）は、57条で特定独法の職員の給与、58条で勤務時間等について規定している。その特徴を一言でいえば、国家公務員準拠の原則にあるといえる[9]。他方、非特定独法に関して、通則法は63条で給与・退職手当を規定するだけで、勤務時間等についての規定はない。また給与・退職手当は勤務成績・業務実績・社会一般の情勢への適合が要求されているものの、あからさまな国家

---

[8] 独法の業務に対してこのような事前・事後の統制が必要である理由として清水敏「独立行政法人における労使関係の法的枠組み」早法75巻3号163頁及び165頁は、独法も行政実施主体であり、実施の最終責任は内閣にあること、及び運営費交付金等が税金であることを挙げる。また独法の業務運営の仕組みの問題点として晴山一穂「独立行政法人通則法の概要と論点」労旬1482号7頁は、中期計画が中期目標に縛られ、主務大臣の認可対象とされるなど、独法が主務大臣による詳細な統制下にあること、及び中期目標の決定権が主務大臣にあり、これに対する独法の意見反映方法がないことを挙げている。

[9] 勤務時間については規定自体が国家公務員準拠を義務的考慮事項としている。また給与については、水産大学校の給与支給基準が、通則法57条3項の考慮事項の内容を具体化し、その中で、国家公務員の給与との関係では、法人職員の給与基準は国家公務員の給与水準と同等とすることが示されている点（「その他の事情」として、類似の業務を行っている特殊法人の職員の給与（例えば海洋水産資源センター等）の考慮を示す点も興味深い）、また支給体系が実際には給与法のそれをほぼそのまま用いていることが分かる点で、興味深い。ただし、すべての独立行政法人が現行の非現業国家公務員の給与体系を採用しているわけではない。例えば産業技術総合研究所の場合は、公務員制度改革後に予定されている給与体系が先取りされた形で導入されたことにつき森正人「産業技術総合研究所の独立行政法人化——その現実と背景」労旬1509号19～21頁参照。

シンポジウム（報告②）

独法の業務内容決定制度の確認	あり得る労使関係
個別法が業務範囲を指定（通則法27条）	個別法制定時 • 職員団体⇔中央省庁等改革推進本部事務局（個別法制定自体）（飯塚・注13）9頁参照） • 職員団体⇔主務大臣（移行後の労働条件（＋予算要求）） • 職員団体⇔移行対象機関の長・人事管理部門等＝当局（移行後の労働条件について）（森・注9）24頁参照） • 職員団体⇔設立委員会 ＊設立委員会は「設立に関する事務」を扱う（通則法15条1項） 　「設立に関する事務」とは，実質的には，設立準備完了の主務大臣への届出，法人の長となるべき者への事務の引継等が含まれる。独法の中期計画，業務方法書，その他内部規定に関する検討は含まれないが，設立委員は，設立後の当該独法の適正な運営の担保等の確認のため，これら事項に関して検討状況を聴取することは可能（独立行政法人制度研究会編・注11）55頁）
業務開始の際各独法は業務方法書を作成・主務大臣の認可（通則法28条1項） 認可の際主務大臣は予め各省評価委員会の意見を聴く（通則法28条3項） ↓	
主務大臣が中期目標決定（通則法29条） 　その際（目標変更時も同様），評価委員会の意見聴取義務（通則法29条3項） 　主務大臣と財務大臣の協議義務（通則法67条1項） ↓	職員団体・労組⇔主務大臣 （労働条件・予算要求について）
目標達成のため各独法が中期計画作成（通則法30条） 主務大臣による中期計画認可（通則法30条1項） 　その際（中期計画変更時も同様），評価委員会の意見聴取義務（通則法30条3項），及び主務大臣と財務大臣の協議義務（通則法67条2項） ↓	職員団体・労組⇔独法の長 （労働条件について）
各独法は毎事業年度開始前に年度計画を作成・主務大臣に届出（変更の場合も同様・通則法31条1項）	職員団体・労組⇔主務大臣 （予算要求について：人件費の変動との関係） 職員団体・労組⇔独法の長 （労働条件について）
中期目標終了時に，各省評価委員会が中期目標の達成度合いなどを総合的に評価（通則法34条） ＊その他総務省に設置される政策評価・独立行政法人評価委員会あり（通則法32条3項にいう「政令で定める審議会」） ＊＊「内閣法の一部を改正する法律案等中央省庁等改革関連17法律案に対する付帯決議」として，独法職員については，今後の見直しにおいて，「社会経済情勢の変化等に応じて特定独立行政法人以外の法人とするようできる限り努力すること」とされた（独立行政法人制度研究編・注11）317～18頁）	

公務員準拠原則は，少なくとも規定上は現れていない。

　また，独法の各個別法は業務範囲を指定するものではあるが，その内容は定型的であり，当該独法を特定独法とするか否かの規定（この点は極めて重要であるが）以外，労働条件決定システムに関する内容は殆ど含まれていない（省令にも，労働条件を具体的に規律する内容は殆どない）。主務大臣が定める中期目標もまた，一般的には業務の大枠を定めるものであり，労働条件と直接具体的に関連することは少ない（業務の効率化など一般的抽象的に関連する内容は含まれているが）。しかし，例えば「さけ・ます資源管理センター」の場合，中期目標において，運営体制として廃止または北海道へ移管する事業所数の目標が8カ所と定められ，調査研究内容の目標値が具体的に定められたりしている。このように中期目標の中で，労働条件と直接具体的な関連を有する内容が規定される可能性はあり，それを禁止する規定はない。中期目標の設定は，制度上主務大臣の一方的決定に委ねられているだけでなく，中期計画等爾後の業務内容を拘束する。各独法が定める中期計画や年度計画は中期目標の大枠を具体化するものであり，その大半は，職員の労働条件の大綱的基準（業務内容の効率化・人件費等）を設定するものではあるが，その中には業務内容や人事計画（人員削減数等）を具体的に示す内容も含まれ，それらは労働条件と直接具体的な関連を有しているといえる。なお当然のことながら，勤務時間や給与に関しては就業規則が規律することとなる。

2　想定される「交渉」：独立行政法人を中心に

　このような労働条件決定システムの中で，どのような「交渉」を考えることができるであろうか。「交渉」の性格や許容性を捨象して考えれば，「交渉」が行われる時点が，独法移行前か移行後かが重要である。いうまでもなく移行前の「交渉」には国公法が適用され，移行後は，国営企業及び特定独立行政法人の労働関係に関する法律（以下「国独労法」と略。なお2003年4月1日からは特定独立行政法人等の労働関係に関する法律として施行）[10]または労組法が適用されるから

---

10)　平成14年7月31日公布法律第98号日本郵政公社法施行法による改正。

である。

　独法移行の局面では，中期目標・中期計画・当該年度の年度計画は，実際上，職員の身分が非現業国家公務員の時点で作成されることとなる[11]。つまり，独法移行前の時点では，大きく次の四段階の「交渉」を観念できる。第一は個別法制定をめぐる「交渉」である。個別法制定により，当該独法の職員の身分が決定される点を捉えれば，重大な労働条件に関わる局面である。第二に，主務大臣による中期目標の設定をめぐる「交渉」である。既に見たように，独法が定める中期計画等は中期目標に拘束され，かつ，中期目標において，業務の効率化や運営体制等，独法職員の労働条件に関する事項が規定される可能性がある以上，中期目標もまた職員の労働条件と無関係とはいえない。従って中期目標に関する「交渉」が求められる可能性がある。そして第三に，独法化が予定されている各機関の長等[12]を相手方「当局」（国公法108条の5第1項にいう）とする，中期計画・年度計画の策定をめぐる「交渉」である。これらの計画には，労働条件と直接具体的な関連を持つ内容が含まれる可能性があり，その策定をめぐる「交渉」が要求され得る。第四に，設立委員会を相手方とする「交渉」も考えられる。もっとも，設立委員会にいかなる権限があるかは検討の余地がある。

　他方，独法移行後においては，大きく次の五段階の「交渉」を観念できる。第一は個別法改正をめぐる「交渉」である。個別法改正によって，当該独法職員の身分が決定される可能性があるからである。第二に，主務大臣による中期目標の設定をめぐる「交渉」である。第三に独法による中期計画・年度計画の策定をめぐる「交渉」である。第四に，計画の実施段階における「交渉」が考

---

11) 非現業国家公務員から独法の職員への身分は，独法の成立時に移行するものとされ（各個別法附則2条。独立行政法人制度研究会編『独立行政法人制度の解説』（2001年）177頁参照），通則法17条は，独法の成立は設立登記の時点と定めている。ただし実際には，大半の独法個別法は施行期日を2001年1月6日としながらも，各政令により（各個別法附則1条）独法への移行は2001年4月1日となっている（このように法人成立前から原則として個別法が施行されることとした理由，及び特殊法人についてもこのような方法が一般的であることにつき，独立行政法人制度研究会編・前掲書176～177頁参照。この間の経過措置・具体的な準備作業の手順については同書198頁参照）。そして中期目標・中期計画・2001年度の年度計画は，2001年4月1～3日付で制定され，あるいは作成されたことになっているのである。
12) 例えば，独法移行を予定されている機関の人事管理部門などが考えられる。

えられる。そして，第五に，日常的な労働条件等に関する「交渉」がある。

Ⅳ それぞれの「交渉」の対比

以上述べてきたように，独法職員の労働条件決定システムは極めて多様であり，それに応じてあり得る「交渉」も多様となる。従って，それらを検討することは，多様な労働条件決定システムの下で行われる「交渉」の性格等を検討することを意味する。

1 独法移行前における「交渉」の性格と法的許容性
(1) 個別法制定をめぐる「交渉」

個別法制定の過程における実例として，国公労連が中央省庁等改革推進本部事務局へ一定の働きかけをしたことが挙げられる。問題はその「交渉」の法的性格であるが，ここでは次の二つの理解があり得ることを指摘するにとどめる。一つは，職員の勤務条件に重大な影響を与える事項の改正をめぐる「交渉」は，国公法上の交渉であると解するものである（公務員制度改革をめぐる「交渉」につき，当事者は国公法上の交渉であると合意しているように見える）。もう一つは，法の制定改廃に関する「交渉」は本質的に政治プロセスの一環であり，この種の「交渉」は禁止されているわけではないが，事実上のものに過ぎないとの理解である。

---

13) 飯塚徹「独立行政法人移行に関わる国公労連の取組み」労旬1509号9頁。
14) 一般的にいって，公務員の勤務条件は一連のプロセスを経て決定されるのであるが，そのプロセス全体を同一のものと性格付けできるとは限らない。法制定過程との関係でいえば，原則としてはそれは政治プロセスの一環といわなくてはならないであろう。すなわち，法律の制定に当たっては，国会・主任の大臣・内閣・内閣総理大臣等様々な者がアクターとして登場するが，そのうちのいずれが「その申入れに応ずべき地位に立つもの」といえるか問題となる。これは一見すると「当局」該当性の問題であるが，実は，この段階での「交渉」は法の制定過程への利害関係者による働きかけであり，従って法の制定改廃に関する交渉とは本質的には民主主義プロセスの一環であることを示すものでもある。その意味では，この種の「交渉」は禁止されているわけではないが，政治プロセスの一環である以上，交渉に応ずる義務のある相手方を想定できない，事実上の交渉ということもできる。しかし，公務員の勤務条件が法律により規律されている以上，公務員労働者の場合は，勤務条件改善の要求は立法要求と不可分に結びつかざるを得ないという特殊事情がある

(2) 中期目標の設定をめぐる「交渉」

中期目標設定につき通則法は、主務大臣の専権で決定するものとし、独法や職員団体等と協議することを予定していない。しかし、国公法108条の5に定める交渉対象事項の要件、つまり勤務条件に該当すること、及び管理運営事項に該当しないことの二点を満たせば、中期目標も国公法上の交渉対象となる。[15]

(3) 最初の中期計画・初年度の年度計画をめぐる「交渉」

独法が定めるものと法律上規定されている最初の中期計画・初年度の年度計画もまた、この国公法上の要件を充足するかが問題となる。これら要件のうち勤務条件該当性については、上記目標・計画はいずれも、独法移行後の職員の勤務条件を具体的に規定する内容を含むものとなること、これらが定められる段階での交渉を許容しないと、爾後の職員の労働条件との関係で主務大臣・独法の「先手必勝」状態になりフェアではないことからすれば、「勤務条件」該当性を認めるべきものと思われる。他方管理運営事項非該当性については、地公法55条3項にいう「管理運営事項」との関係ではあるが、「管理運営事項は、地方公共団体の機関がその職務、権限として行う地方公共団体の事務の処理に関する事項であって、法令、条例、規則、規程及び議会の議決に基づき、その機関が自らの判断と責任において処理すべき事項であるから、これについて職員団体の介入を許さず、これを交渉の対象から除外」したとする裁判例(京都市教職員組合事件最1決平成3・11・28労判600・8の原審大阪高判昭和61・7・29労判491・74)もある。しかし、公務員との個別合意や労働協約が排除されている現行制度の下では、公務員の勤務条件はある意味ではすべて、「その機関の自らの判断と責任において処理すべき事項」である。このような現行制度の下で

―――――

(奥平康弘『憲法Ⅲ』(1993年) 288頁)。法改正の局面でも「使用者としての政府」の存在があり得るとすれば(それは否定できないであろう)、種々のアクターのうちのいずれかがその立場を代表するものとして、「当局」に該当するものといわなくてはならないはずである。この場合、もし政府提出法案であれば、少なくとも、原案を作成する主任の大臣(及びその事務局)が「当局」に該当すると解すべき余地もあると思われる。この点につき鹿児島重治・森園幸男・北村勇編『逐条国家公務員法』(1988年) 1081頁(倉田卓政執筆)は、「法律案を作成し閣議請議する権限を有する当局との間で、その権限の限度において交渉することが可能であると解される」とする。

15) 森・前掲注9)論文24頁によると実際に産総研設立時に主務大臣と一定の交渉を行ったことが伺える。

この裁判例の考え方を一貫させようとすると,「勤務条件」についての交渉を認める国公法108条の5第1項という原則規定は無意味となる。従って,108条の5第3項が交渉の対象外と定める管理運営事項は限定解釈する必要がある。この点従来の学説では,外形的に管理運営に属する事項であっても,それが労働者の待遇条件に関連を持つ限り交渉の対象事項に該当するとの説が示されており[16],私自身もこの説が妥当であると考えている。

2 独法移行後における「交渉」の性格と法的許容性

(1) 個別法の改正をめぐる「交渉」

独法移行後においても,個別法が改正され,職員の身分関係が変動することは十分あり得る。従って,個別法の改正をめぐり,独法等の職員で組織された組合が,個別法改正案の作成に当たる各省の大臣等を相手方として,「交渉」を求めることもあり得よう。この「交渉」の性格についても,独法移行前と同様,法律上の「交渉」か政治プロセスの一環かが問題となる。

(2) 中期目標の設定をめぐる「交渉」

既にみた通り,中期目標の設定は主務大臣が独法に対して一方的に行うものと法定されている。そこで,独法の外にある主務大臣の定めた中期目標に関して交渉が求められた場合に,主務大臣が交渉の相手方たる使用者といえるか否かが論点となり得る。この点について,私見は次のように考える。そもそも主務大臣と独法との関係がいかなるものとなるかが問題となるが,中期目標設定との関係では主務大臣と独法とは上級・下級行政機関相互の内部的関係に類似

---

16) 東大労働法研究会『注釈労働組合法上巻』(1980年) 301頁,菅野和夫「公共部門労働法(三・完)」曹時35巻12号18頁。

17) 成田新幹線訴訟最2判昭和53・12・8民集32巻9号1617頁及びその最判解説である石井健吾・曹時34巻2号198頁参照。行手法4条2項1号は「法律により直接に設立された法人又は特別の法律により特別の設立行為をもって設立された法人」に対する処分につき原則として行政手続法2章・3章の適用を除外しており,独法も定義上これに該当することとなる。高木光・塩野宏『条解行政手続法』(2000年) 121頁。行手法4条2項1号がこの種の法人(特殊法人)に対する処分を行手法の適用除外としたのは,特殊法人を一律に行政主体として認識するという行政組織法解釈学の見地にたったものではなく,一般私人と行政庁との関係を律する行手法をそのまま適用するに相応しくない,という便宜的な要素によるものといわれており(高木・塩野・前掲書129頁),独法が行手法4条2項1号の定

シンポジウム（報告②）

した関係が成立することとなろう。[17]他方，中期目標を達成するための具体的計画である中期計画の中では独法職員の労働条件が直接規定される可能性があり，そのことを法律は禁止していない。[18]中期目標の達成を阻害する中期計画を作成することは中期計画に反するのであるから，中期目標達成を阻害する労働条件を独法が設定することも中期計画に反するものと評価されることとなる。このような形で，上級行政機関である主務大臣は下級行政機関である独法に属する職員の労働条件を間接的にであれ決定する権限を潜在的に保持している。使用者としての潜在的権限を保持しているわけである。この潜在的権限が顕在化し，これが行使された場合，後続の中期計画等を拘束することとなる。このように，潜在的には使用者としての権限を有しており，その権限が行使された後にはそれに反する労働条件の設定が許されなくなる以上，主務大臣の使用者性を肯定すべきであろう。[19]もっともこの点については朝日放送事件最３判平成７・２・28民集49巻２号559頁が「雇用主以外の事業主であっても，雇用主から労働者の派遣を受けて自己の業務に従事させ，その労働者の基本的な労働条件等について，雇用主と部分的とはいえ同視できる程度に現実的かつ具体的に支配，決定することができる地位にある場合には，その限りにおいて，右事業主は」労

義が当てはまることをもって行政組織法的判断を導き出すことは慎重でなければならない（ましてや訴訟法上の帰結を導き出すことは別個の観点からの判断が必要である。この点については塩野宏『行政法Ⅲ（第二版）』（2001年）95〜96頁及び山本隆司「行政組織における法人」塩野宏先生古稀記念『行政法の発展と変革上巻』（2001年）861〜868頁参照）が，少なくとも主務大臣と独法との関係が行政庁と一般私人との関係とは異質であるとまではいうことが許されよう。この点につき中川丈久「米国法における政府組織の外延とその隣接領域——Government Corporation の日本法への示唆」金子宏先生古稀記念『公法学の法と政策下巻』（2000年）495頁は，独法は全て法人格を持つ国の行政機関であると位置づけるよりほかないように思われるとする。
18) 独立行政法人制度研究会編・前掲書注11)77頁は，中期計画中に職員の勤務条件に関する事項を記載することは「適当ではない」としつつ，「ただし，勤務条件に関連しうる事項を中期計画に記載し主務大臣の認可を受けた場合であっても，そのことを理由として，当該事項についての団体交渉を拒否することはできないと解される」とする。
19) 独立行政法人制度研究会編・前掲書78頁は，主務大臣が団体交渉の当事者ではないことを理由に，中期目標中で独法職員の労働条件を定めることは一切認められないものと解されるとするが，中期目標で職員の労働条件を規律することが一切許されないとする規定はないこと，及び中期目標は間接的に職員の労働条件を規律する機能を営むこともあり得ることからすると，主務大臣の使用者性を承認するべきと思われる。

組法7「条にいう「使用者」に当たるものと解するのが相当である」と説示するところに従った場合にいかなる結論に至るかも含めて，さらに検討することが必要である。

(3) 中期計画・年度計画をめぐる「交渉」

中期計画の内容をどう定めるかは，中期目標に拘束されつつも，目標を具体化するという点で独法独自の判断に委ねられている部分も多い。当然，職員の労働条件と具体的に関連することとなる。しかし通則法等は，これら計画が組合との交渉を通じて作成されることを全く予定していない。また，特定独法に適用される国独労法8条は，労働条件を広く交渉対象としながら，但書で管理運営事項を交渉の対象外としている。

問題は，独法による計画の策定自体が管理運営事項に当たるかどうかである。法が管理運営事項を交渉事項から除外したのは，「労働組合が団体交渉及びその結果である労働協約を通じて，労働条件向上の必要の限度を越えて企業の管理運営に容喙し，公共企業体等の正常な運営を最大限に確保するという公労法1条の目的に背く事態が生じないようにすることにある」とした裁判例（旧公共企業体等労働関係法8条但書の管理運営事項につき，長岡電報電話局事件最1判昭和62・2・19の原審東京高判昭和56・9・30訟月28・4・665）もある。しかし，ここでも，従来の学説が主張してきた通り，外形的には管理運営事項であっても，それが労働者の待遇条件に関連を持つ限り交渉の対象となると解すべきである。[21]従って，独法が定める中期計画や年度計画の内容が労働条件に関する限りは，当該部分につき独法と組合による共同決定の対象となりうるものと考えられる。[22]

(4) 計画の具体化に関する「交渉」・その他日常的な
　　労働条件に関する「交渉」

計画の具体的実施に関する交渉は通常の私企業における団交と異なるところはないように思われるので，ここではこれ以上の言及をさける。

---

20) その意味するところについては福岡右武「判解」曹時50巻3号186～187頁参照。
21) 前掲注16)引用の文献参照。
22) 本文中に引用した裁判例も，「労働条件向上の必要の限度」であれば管理運営に「容喙」することは許容するものである。

3 交渉ルールの構成要素

以上，独法において展開される可能性がある「交渉」とその性格・法的許容性につき見てきた。「交渉」の性格という観点から見ると，公務員の勤務関係の下での交渉に類似したものから，私企業における団交とほとんど同じもの（特定独法の場合。非公務員型の場合は全く同じ）まで，様々な形態が想定される。

そこで最後に，これら多様な「交渉」について，公務員法的要素を中心に，交渉ルールという観点から整理・抽象化した場合，どのようにまとめることができるかを試論として提示する。

(1) 権利性判定ルール

先に独法移行前後の「交渉」の性格と法的許容性につき概観したが，そこでは，ある「交渉」が団交権行使として法的に保護されるか否か（権利性の判定）が論点であった。そこでの検討からすれば，次の二点が権利性の有無を左右する判定ルールといえる。一つは，そもそも当該「交渉」が国公法・国独労法・労組法（究極的には憲法28条）の保護を受けるものとして措定される性格を持つか否かである。特に法制度改革に関する「交渉」は政治プロセスの一環としての性格が強く，憲法28条を頂点とする団交制度の枠外にあるのではないかが問題となり得る。もう一つは，当該「交渉」が実定法上の交渉要件に合致しているか否かである。具体的にいえば，勤務条件（労働条件）に関わる事柄を対象とする交渉か否か，また管理運営事項に当たらない事柄を対象とする交渉か否か（国公法・国独労法等）である。なおいうまでもなく，後者の管理運営事項非該当性の要件は，労組法が適用される非特定独法の労使関係には，規定上は適用されない[23]。

なお管理運営事項との関係では，今後の検討課題という意味も含めて，次の二点を指摘したい。第一に，ある交渉事項が管理運営事項に当たるか否かは，交渉の進捗・成熟とともに明確化するものではないかということである。従って，交渉が一定の期間経過し成熟し交渉事項が具体化した後であればともかく，

---

23) 私企業でも内容的には同種の制約がかかること及び私企業において具体的にどのような形で問題となりうるかについては道幸哲也『労使関係のルール』（1995年）203～204頁参照。

24) すなわち管理運営事項が交渉事項として挙げられていることだけを理由とする交渉拒否は正当とはいえない。

管理運営事項非該当性の要件は，交渉開始の要件として厳格に適用されるべきではないと考えられる。このことは，より一般的にいって，交渉ルールを考察する際に交渉プロセスの展開を念頭に置くべきことを示唆しているように思われる。第二に，国公法と国独労法では同じく管理運営事項という文言が用いられているが，はたして同じ内実を有するものか，検討の余地があるように思われる。また，現時点では同じく国独労法の適用を受ける現業公務員と特定独法についても，管理運営事項の内実が同一かどうかは疑わしい。なぜなら，独法化後，非公務員型独法には管理運営事項制限がかからないのに対して，交渉との関係ではその違いが意識されなかった特定独法の場合には管理運営事項が広く適用されるというアンバランスが発生するのは不合理だからである。

(2) 手続的ルール

次に，ある「交渉」が法律上の交渉，つまり団交権行使としての交渉であることが認められた場合に，当事者がとりあえず交渉の席に着けば，それで団交権が保障されたといえるのであろうか。「交渉」という言葉の国語的意味は「取り決めようとして相手と話し合うこと」をいう。つまり，交渉とは「話し合いの過程」を前提とした行為である。そこで，この「話し合いの過程」に適用されるルールを手続的ルールと呼び，以下考察する。

まず独法移行前の交渉に関する手続的ルールについては，国公法の下でいかなるものが想定できるかという問題であり，これについては，次の二点を確認しておく。一つは，国公法が，交渉の相手方たる当局は「交渉に応ずべき地位」に立つと規定し，応諾義務を定めていると解され，更に，交渉打切りのた

---

25) 一般論としては東京高判昭和56・9・30訟月28巻4号665頁もこのことを認めている。
26) 特定・非公務員型を分けたのは主として争議行為の許容性との関係であると政府側が答弁（1999年6月30日参議院行財政税制特別委員会・太田総務庁長官）していることについては例えば福家俊朗・浜川清・晴山一穂編『独立行政法人・その概要と問題点』（1999年）30頁（小田川義和執筆）参照。なお通則法が公務員型の特定独法を認めたことにつき宇賀克也「アメリカの政府関係法人」金子宏先生古稀記念『公法学の法と政策下巻』（2000年）212頁は，「わが国においても，戦後しばらくは，公団の職員が公務員とされていたことからも窺えるように，国とは異なる法人格を有する法人であっても，実質的に行政機関としての性格を持つ法人の職員を公務員として位置づけることは理論的にも十分可能であると思われる」と指摘する。
27) 例えば栗田久喜編『国家公務員法』（1997年）300頁（石川良二執筆）参照。

めにはそれを正当化する合理的理由が必要として解されることである（国公法108条の5第1項）。次に，交渉の実例は，お互い協議を行った上で（相互に情報を提供しあいながら），回答を出し，その結果を議事録整理という形で確認していることである。つまり，「当局」が交渉の席に着けばそれで応諾義務が果たされたと法律自体考えていないし，また実態もそうではないといえる。実効的な交渉，すなわち協議と回答，及びその回答の根拠を示しながら，当該交渉が一定の成熟段階に至るまで交渉することが双方にとって要求されるといえよう。

これに対して独法移行後は，独法を相手方とする交渉においては，従来国独労法あるいは労組法の下で展開されてきた手続ルールが適用されることとなる。

このように見てくると，交渉における手続的ルールは，その中核を「誠実交渉」というタームでくくることができそうに見えるという点からすると，公務員と私企業とでほぼ同じであるといえそうである。しかしながら，両者の基本にある考え方には違いがみられる。私企業の場合，使用者には，合意を求める組合の努力に対して，誠実な対応を通じて合意達成の可能性を模索する義務があるとされる[28]。これに対し，公務員の勤務関係においては，一般的には合意は前提とされておらず，通常は当局の権限が適正に行われているかをチェックするための交渉とならざるを得ない[29]。このことは，また，交渉の結果をどのように実現するかの違いともなる。すなわち，独法化後においては，独法と組合が協約締結することで，交渉結果を実現することができる。これに対して，公務員法の下での交渉については（というよりも主務大臣の権限行使をめぐる交渉については），集団的合意に基づく勤務条件の設定を前提としていない以上，交渉のもつ意味には大きな限界が生まれる。例えば，中期目標についての交渉経緯等を，主務大臣が全く無視して権限行使する可能性がある。しかし，交渉経緯を無視して権限行使してもよいとなれば，交渉をしてもしなくても同じということになる。このように交渉というプロセスを踏んだ意味が失われないようにするために，交渉経緯を尊重して権限を行使すべき義務，具体的には，交渉経

---

[28] 菅野和夫『労働法（第五版）』（1999年）528頁。
[29] 川田琢之・高橋滋「公務員（対話で学ぶ行政法第12回）」法教260号119頁（川田発言）参照。また後掲注34）も参照されたい。

緯にどのような配慮をして権限行使をしたか，また配慮しなかった理由は何かを説明する義務が発生するものと解すべきものと思われる[30]。

4 交渉過程における不利益救済

独法の労働組合や現業公務員は，労組法・国独労法により，不当労働行為制度の保護を受け，協約締結権を認められている。この点との関係で非現業公務員の場合には，次の二つの問題がある。一つは，公務員法には不当労働行為制度が設けられておらず，そのため違法な団交拒否に対する救済が不法行為の世界に委ねるほかないことである[31]。

もう一つの問題は，独法移行プロセスにおいて，職員団体と当局との間の交渉過程で不当労働行為があった場合，独法化後，組合が使用者たる独法を相手方として不当労働行為救済を求めることができるかという問題がある。また，独法化時点で当局が職員団体に対して一定の約束をしたにもかかわらずこれを履行しなかった場合，当該「約束」の効力如何も問題となろう。これらの点につき解決を与える立法的措置はなされておらず[32]，もし当局と独法とが別組織であるとの形式論が単純に適用されると，救済の余地はなくなるのである。この形式論は特に非特定独法に当てはまりそうである。今後，非特定独法個別法を定める際には，交渉主体・事項・内容等につき，予め立法的解決をしておく必要がある。

V むすび：憲法28条の団交権論への示唆

最後に，憲法28条の団交権論にとって，以上の検討が持つと考える意義に触れたい。そもそも，憲法28条にいう団体交渉を（共同決定的なものに）固定して

[30) その前提として，主務大臣には交渉経緯を考慮すべき義務が発生すると考えている。
[31) 職員団体に対する差別と，組合・組合員による国賠請求の可能性（組合による国賠請求と組合員によるそれとの差異も含めて）について全税関大阪訴訟最１判平成13・10・25判時1770号145頁における深澤裁判官反対意見参照。
[32) 僅かに各個別法がその附則において，職員団体が自動的に組合に移行すると定めるのみである。

理解することはナンセンスである。すなわち，団体交渉には，私企業の労使関係で典型的に予定されている合意締結目的のものだけでなく，公務員の労使関係において典型的にみられるような，「当局」の権限行使が適正かをチェックするという意義にとどまるものもある。[33]後者の団体交渉は，団体交渉「手続」を通して，国家の権限行使を掣肘しようとするものである。この種の団体交渉がもし憲法28条の団交権の一つであるとすれば，それはそれとして改めて団交権法理を再検討する必要に迫られることになる。私見によれば，その際の中心的なパラダイムは，手続による権限行使の制約ということであることからして，当事者への手続的権利付与（これを関与権といってもよい）[34]と「当局」による説明義務を主な構成要素とする，デュー・プロセスに求めざるを得ないように思われるのである。

(わたなべ　まさる)

---

33) 川田・高橋・前掲注29)参照。この点との関係で，山本隆司『行政上の主観法と法関係』(2000年) 362～3頁が，法治国原理における「距離」と民主主義原理の中での「距離」との間の「緊張関係」につき，「一方で，法的個別利益（実体権）の主体に，当該利益を貫徹する法的効力（行政手続参加権，訴権）を付与することは，法治国原理の要請である。他方，利益の主張に直に，他の利益との衡量・調整をして客観的秩序を形成する（共同）決定権を付与することは，法治国原理の要請でないのみならず，「国民」による正当化の要請に反するため，民主主義原理により禁止される」とし，その例として，公務員職員代表の共同決定権の拡張を挙げていることを指摘しておく。山本教授の「距離」概念の理解とそれに対する批判として，毛利透「行政法学における「距離」について(上)(下)」ジュリ1212号80頁以下，ジュリ1213号122頁以下参照。

34) 西谷敏『労働組合法』(1998年) 28頁。ただし西谷教授と筆者とではアプローチの仕方等に相当の差異があるように思われる。なお，一般論としては，公務員等も憲法28条の「勤労者」として同条の団交権等の保障を受けつつも，財政民主主義等の対立的憲法原理との間の調和的な解釈を求めるのが，「より正当な憲法解釈」（菅野・前掲注16)40頁）といえよう。しかし，「憲法28条の中核的要請の内容」は，各種労働者ごとに相対的なものと考えざるを得ない（菅野和夫「国家公務員の団体協約締結権否定の合憲性問題」下井隆史・浜田冨士郎編『労働組合法の理論課題（久保敬治教授還暦記念）』(1980年) 142頁注(2)。なお菅野教授が公務員との関係で「中核的要請」とされるものの内容については同142頁）のであり，勤務条件をかなり詳細に定める現行の国公法・地公法の下での交渉制度が合憲であるとすれば，そこでの交渉をもって，「勤務条件詳細法定主義の枠内での合意の形成を目標とする交渉制度であると理解」（菅野和夫「「財政民主主義と団体交渉権」覚書」法学協会編『法協百周年記念論文集第二巻』(1983年) 314～315頁）し尽くせない部分があまり大きいと思われる。

公務員労働団体の代表法理
――公務員の労働条件決定システムを支える法理――

道 幸 哲 也

(北海道大学)

I はじめに――検討の対象・目的

　行政改革の一環として公務員制度の抜本的改革が図られている。2000年12月に「行政改革大綱」が閣議決定され、その後、01年3月に基本的方向として「公務員制度改革の大枠」が取りまとめられ、6月には内閣総理大臣を本部長とする行政改革推進本部が「公務員制度改革の基本設計」を決定した。02年12月に「公務員制度改革大綱」が閣議決定された。ここに、「公務に求められる専門性、中立性、能率性、継続・安定性の確保に留意しつつ、政府のパフォーマンスを飛躍的に高めることを目指し、行政ニーズに即応した人材を確保し、公務員が互いに競い合う中で持てる力を国民のために最大限に発揮し得る環境を整備するとともに、その時々で最適な組織編成を機動的・弾力的に行うこと」等を目的とする公務員制度改革の内容が明らかにされた。

---

1) 行政改革の概要・問題点については、新藤宗幸『講義 現代日本の行政』(2001年、東大出版会) 181頁以下、五十嵐敬喜＝小川明雄『市民版 行政改革』(1999年、岩波新書)、北沢栄『官僚社会主義 日本を食い物にする自己増殖システム』(2002年、朝日選書) 等参照。また、公務員法の直面する問題については、高橋滋＝川田琢之「対話で学ぶ行政法12回 労働法との対話」法学教室260号 (2002年) 111頁以下参照。

2) 公務員制度改革及び大綱の問題点については、特集「公務員制度改革――公務員制度調査会答申をめぐって」、古橋源六郎「公務員制度調査会答申の経緯とその基本的考え方」、橘木俊詔「公務と民間の人事政策比較」、早川征一郎「公務員制度改革の基本方向に関する答申について」、西尾隆「公務員制度改革の政治行政」、稲葉裕昭「公務員制度改革―地方公務員制度改革の観点から」いずれもジュリスト1158号 (1999年)、特集「公務員制度改革案の検討」、永山利和「行政改革推進本部『公務員制度改革の基本設計』の歴史的位相」、川村祐三「戦後公務員制度改革論の系譜」、晴山一穂「公務員制度と人事行政機構」、丸谷↗

シンポジウム（報告③）

　大綱に至る最近の公務員制度改革の動きはおおむね4つの方向を示していると思われる。その一は，公務員数の削減である。一連の定数削減の動きとともに，国立大学の独立行政法人化や郵政の公社化，民営化さらに仕事の外注化に具体化している。その二は，人事管理の適正化，能力主義化である。大綱が打ち出した能力等級制度がその典型である。その三は，公務員の分断化である。基本的に現業と非現業に2分されていたものを，現業については非公務員化，非現業についてはいわゆるエリート官僚と一般の公務員に分けて法規制する方向である。その四は，管理システム自体の分散化である。大綱は，内閣の総合調整機能を重視しつつも，各主任大臣に広い人事管理権限を付与しようとしている。人事院の役割の相対的低下もその具体化といえる。

　以上一連の経緯において，必ずしも十分な論議がなされていない重要な2つの事項がある。その一は，いわゆる労働基本権問題であり，現在検討中である。制度の円滑な具体化のためには不可欠な論点に他ならないが，この点が不明確なまま制度論だけ先行するのは抜本的改革の側面では問題が多い。また，一連の公務員制度改革の論議に職員組合代表が直接参加していないのも疑問である。その二は，公務の効率性は強調されているが，「公務」とはなにか，「公務の効率性」とはなにかという根本的論点はなぜか論議があまりなされていない。[3] 効

\肇「新人事管理システムと給与制度の改革」，小田川義和「公務員制度改革と公務労働運動の課題」，いずれも行財政研究48号（2001年），特集「公務員制度改革の検討」，小田川義和「公務員制度改革と国公労働運動の課題」，斎藤譲「公務員制度改革とわれわれの『提言』について」，晴山一穂「公務員制度改革をどうみるか　行政法学からの検討」，根本到「公務員制度改革と労働条件決定システム」いずれも労働法律旬報1510号（2001年），特集「公務員制度改革」，鼎談・稲葉馨，高橋滋，西尾隆「公務員制度改革大綱をめぐる論点」，鼎談・神代和欣，森田朗，山口浩一郎「公務員制度改革の今後の課題」，山本隆司「公務員制度大綱の分析（行政法学の観点から）」，川田琢之「公務員制度大綱の分析（労働法学の観点から）」，春田謙「公務員制度大綱の解説」いずれもジュリスト1226号（2002年），西村美香「公務員制度の改革」『岩波講座自治の構想2　制度』（2002年，岩波書店），西谷敏・晴山一穂『公務員制度改革』（大月書店，2002年），特集「公務員制度の改革と展望」，猪木武徳「経済学的視座から論点を整理する」，稲継裕昭「公務員制度改革の背景と今後」，下井康史「公務員法と労働法の距離」等いずれも日本労働研究雑誌509号（2002年），山口浩一郎「公務員制度改革の方向と問題」，西村美香「公務員制度改革と労働基本権問題」等いずれも都市問題研究55巻1号（2003年）等参照。またILO勧告については，特集「公務員制度改革」季刊・労働者の権利248号（2003年）参照。

3）　行政活動の能率については，西尾勝『行政学　新版』（2000年，有斐閣）345頁以下参照。

率性という発想は基本的には民間企業運営の原理なので，それを公務に直接もってくることは適切かという問題が残されている。

本稿は，以上の状況をふまえて，公権力の行使をする一般の（ノンエリートの）非現業職員層は必要であるという認識から，この職員層を対象とした集団的労働条件決定システムをどう構築すべきかを考えるものである。具体的視点は，①どこまで民間的な決定システムを導入できるか。どの点において公務員法としての独自性があるか（立法構想），②決定システムにおいて公務員労働団体はどのように公務員や国民を代表すべきか（団結権法理的な視角），というものである。[4]

II　現行法のシステムと判例法理

具体的な立法構想を考察する前に公務員に関する現行の労使関係規定および関連裁判例の特徴と問題点を確認しておきたい。公務員の種別（国家か地方か，現業か非現業か等）によって関連規定が錯綜しているので，ここでは主に非現業の国家公務員について考察する。民間ともっとも異なった法規制がなされているので，現行公務員法の独自性がはっきり示されているからである。

まず，関連する憲法規範としては以下がある。基本規定として勤労者の団結権等を定めた28条があり，公務員も「勤労者」にあたると解されている。ここに労働基本権を制約する国家公務員法の違憲性が問題になった。その他に，国民の公務員選定罷免権（15条1項），公務員の全体の奉仕者性（15条2項），官吏に関する事務を掌理することが内閣の職務であること（73条4号），国会の議決による国費の支出（85条）の定めがある。全体として，憲法上の「公務員像」は必ずしもはっきりしない。特に労働条件決定システムの側面においては，公務員は憲法28条の対象であるにもかかわらずいわゆる労働3法が適用されておらず（国家公務員法附則16条），国家公務員法はじめ多くの特別法（一般職の職員

4）　公務員組合論については，やや古いが亀山悠『職員団体制度詳解』（1970年，帝国地方行政学会），山崎克明『公務員労働関係の構造』（1984年，九州大学出版会），佐藤英善・早川征一郎・内山昂『公務員の制度と賃金』（1984年，大月書店）等参照。

シンポジウム（報告③）

の給与に関する法律，国家公務員災害補償法，国家公務員共済組合法，国家公務員退職手当法，一般職の職員の勤務時間，休暇等に関する法律等）および人事院規則によって具体的な労働条件等が定まっている。

つまり，基本的な労働条件は法定化され，民間的な意味の労使自治は存立の基盤がないとされているわけである。とはいえ，労働組合（職員組合）の存立自体は認められ，一定の交渉関係も予定されている。その点では，憲法28条の具体化がそれなりに図られている。

1 労働基本権の保障規定

では，非現業の国家公務員について労働基本権はどのように保障され，どのような特徴を有するか（現業については，特定独立行政法人等の労働関係法参照）[5]。

第一に，団結権については，警察，海上保安庁，監獄職員等は別として（108条の2　5項）基本的に認められている。同時に，職員団体としての登録制度（108条の2，3）が採用され，組合員資格につき，構成員を職員に限定（3の4項）するとともにユニオンショップを禁止し（2の3項），さらに管理職について独自の職員団体を結成すべきこと（2の3項）が定められている[6]。具体的な組合活動については，在籍専従につき年数等の制限がなされている（108条の6）。いずれも民間の労働組合とは全く異なった規制がなされている。

他方，労組法7条1号と同様に職員団体の構成員たること等を理由とする不利益取扱いは禁止されており（108条の7），団結権の保障は一定程度図られている。もっとも，独自の救済機関はなく，当局の反組合的行為に対しては国家

---

[5] 公務員の労働基本権保障についての最近の研究として，渡辺賢「適正手続保障としての労働基本権（一）（二）」帝塚山法学5，6号（2001年），同「公務員の労働基本権」『講座21世紀の労働法8巻』（2000年，有斐閣），香川孝三「公共部門における労働条件の決定・変更」『講座21世紀の労働法3巻』（2000年，有斐閣）等参照。公務員法全般については，日本労働法学会編『現代労働法講座15巻　官公労働法』（1985年，総合労働研究所），菅野和夫「公共部門労働法——基本問題の素描（一）（二）（三）」法曹時報35巻10，11，12号（1983年）参照。

[6] 「職員団体」は，「職員がその勤務条件の維持改善を図ることを目的として組織する団体又はその連合体をいう」と定義され（108条の2），必ずしも職員だけとはされていない。職員だけというのは登録のための要件である。また，登録の効果としては，法人化（108条の4），団交の実施（108条の5），在籍専従の許可（108条の6）等がある。

賠償が認められている（全税関横浜支部事件　最一小判平成13．10．25労働判例814号34頁，全税関東京支部事件　最一小判平成13．12．13労働判例818号12頁等）。

　第二に，団交権については，団交を前提とした規定（108条の5）はあるものの団交自体を当局に義務づける規定はない。その意味では，団交「権」は認められず，放任されている。とはいえ，団交ルールは法定化（主体・1項，相手方・4項，交渉事項・1項，3項，参加人数・5項，事前協議・5項，打切り事由・7項）されており，当局も拘束する点が特徴といえる（特に交渉事項）。

　団交拒否紛争については独自の処理機関はなく，措置要求の対象ともならないと判示されている（地方公務員法の事件であるが，横浜事件　東京高判昭和55．3．26行裁例集31巻3号668頁）。せいぜい団交拒否に対し国家賠償が考えられるぐらいである。

　なお，個別的苦情に対しては独自の苦情処理制度（勤務条件に関する行政措置の要求（86条））があり，団交との関連においても非組合員の意見表明の自由（108条の5　9項）が定められている。

　第三に，協約については，団交→合意の成立という事態は一応想定されているが，団体協約の締結権はないと明確に定められている（108条の5　2項）。したがって，団交に基づく労使間合意の法的意味はまったく不明であり，判例は法的効力がないと判示している（国立新潟療養所事件　最三小判昭和53．3．28判例時報884号107頁，また，地公法55条9項の協定についても「原則として道義的責任を生じるにとどまるもの」という判断が示されている（横浜人事委員会事件　東京高判平成8．4．25労働判例740号15頁，上告は棄却されている　最一小判平成10．4．30労働判例740号14頁）。また，債務的効力についてもほとんど論議されていない。現業職の場合には協約締結権を認めるとともに議会権限との調整規定（特労法16条）があるが，非現業についてはその前提自体を欠く。

　第四に争議権については，完全に禁止され（98条），争議参加は違法とされ懲戒処分の対象となる（82条）。さらに，教唆等については刑事罰（110条17項）が課せられる。公務員の労働基本権論はもっぱらこの争議禁止と関連付けて議論されてきた。判例は，完全禁止→一定法認→完全禁止と3段階で変化し，現在判例法上争議は完全に違法とされている[7]。人事院勧告の不完全実施等代償措

シンポジウム（報告③）

置が機能しない場合も同様であり（全農林事件　最二小判平成12．3．17労働判例780号6頁，熊本県教委事件　最二小判平成12．12．15労働判例803号5頁，新潟県教委事件　最二小判平成12．12．15労働判例803号5頁），また，争議を理由とする懲戒処分についても当局に広範な裁量権が認められている（神戸税関事件　最三小判昭和52．12．20民集31巻7号1101頁）。

　第五に，労働関係紛争の処理機関としては，勤務条件に関する措置要求に対応し（86条），俸給等につき勧告を行う人事院（3条）がある。もっとも，人事院には，労働基本権を直接保障する権能は与えられていない。

2　判例法理の特徴・問題点

　判例法理は，公務員についても憲法28条の勤労者とみなす一方，労働基本権保障については団交権・協約締結権・争議権を認めない国公法の規定を合憲と解釈している。しかし，その理由付け等については学説上種々の批判がなされている。ここでは，もっとも基本的な問題点だけを指摘したい。

　その一は，憲法28条の捉え方自体である。最判は，同条を共同決定原則ととらえている。たとえば，名古屋中郵事件最判（最大判昭和52．5．4判例時報848号21頁）は，「私企業の労働者の場合のような労使による勤務条件の共同決定を内容とする団体交渉権の保障はなく，右の共同決定のための団体交渉過程の一環として予定されている争議権もまた，憲法上，当然に保障されているものとはいえないのである」と判示している（国立新潟療養所事件　最三小判昭和53．3．28判例時報884号107頁も同旨）。しかし，憲法28条が労働組合との合意によらなければ労働条件の決定ができないという「共同決定原則」までを定めているわけではない。労働組合と集団的に労働条件を決定する原則と共同決定原則は

7）　一連の判例の流れについては，渡辺・前掲論文参照。判例法上，スト制限の根拠として財政民主主義があげられているが，憲法学上の財政民主主義論はどうもそのような問題関心に欠ける。たとえば，櫻井敬子『財政の法学的研究』（2001年，有斐閣），日本財政法学会編『財政の公共性』（1990年，学陽書房）等。

8）　名古屋中郵事件最判は，「右の意味における共同決定の権利が憲法上保障されているものとすれば，勤務条件の原案につき労使間に合意が成立しない限り政府はこれを国会に提出できないこととなり，常に合意をもたらしうるという制度的保障が欠けていることとあいまって，国会の決定権の行使が損なわれるおそれがある」とも判示している。

必ずしも同一でなく、最判はこの点を十分に理解していない。

つまり、憲法28条を使用者にとって厳しい制約を課すものと解釈したために、公務員について憲法28条を適用する余地を不当に狭めたものといえる。各労使関係の特質に応じて、28条をより柔軟にとらえる必要があると思われる。学説においても28条論が極めて不十分である。これは、労組法7条との関連においてもそういえる。

その二は、労働基本権といってももっぱら争議権を中心に議論がなされてきたことである。判例・学説ともにそうである。その結果、争議権の保障が困難なゆえに団交権・協約についての保障も困難という図式になっている（典型は、前掲・国立新潟療養所事件最判である）。しかし、労働条件の集団的決定過程の視点からは、むしろ団結→団交→（争議）→協約締結とのシェーマになる。とりわけ、争議権は要求実現のための手段的権利という側面があるとともに、最近では実際に争議がなされないので、むしろ団交権・協約中心の法理が要請されている。また、団交権保障は争議回避的側面があり（アメリカ）、また争議を回避するためには、適切に（誠実に）団交をする必要が当局にあることはいうまでもない。公務員の労働基本権論には、このような問題関心は希薄であった。

---

9) 諏訪康雄「公務員の労働協約締結権——国立新潟療養所事件・最高裁判決をめぐって——」日本労働協会編『年報 日本の労使関係（昭和54年版）』（1979年）83頁、菅野和夫「『財政民主主義と団体交渉権』覚書」『法学協会百周年記念論文集第二巻』（有斐閣、1983年）314頁、根本到「公務員制度改革と労働条件決定システム」労働法律旬報1510号（2001年）23頁。
10) 憲法上は、争議権とユニオンショップ制の適否が争点といえる。
11) 拙著『不当労働行為法理の基本構造』（2002年、北大図書刊行会）72頁。
12) たとえば、鵜飼・後掲書136頁以下。
13) 拙著『不当労働行為救済の法理論』（1998年、有斐閣）314頁以下。
14) 基本文献として、菅野和夫「『財政民主主義と団体交渉権』覚書」『法学協会百周年記念論文集第二巻』（1983年、有斐閣）、同「公務員団体交渉の法律政策——アメリカに見るその可能性と限界」法学協会雑誌98巻1号1頁、12号1561頁、100巻1号1頁（1981年、1983年）、同「国家公務員の団体協約締結権否定の合憲性問題」久保還暦『労働組合法の理論課題』（1980年、世界思想社）がある。また、地方公務員の事例であるが、労働条件決定の実際については、橋本孝夫=本久洋一「地方公務員における労働条件決定システムの法的研究(上)(下)」小樽商科大学商学研究51巻2・3合併号、4号（2001年）参照。

シンポジウム（報告③）

Ⅲ 立法構想の際の留意点

　公務員について民間的な集団的労働条件決定システムを導入するとしても，公務員制度独自の一定の制約がある。ここでは，①公務員勤務関係の特質，②議会の労働条件決定権限との調整，③非（別）組合員をも含む公務員全体の利益を労働団体がどう代表すべきか，の3点に留意して立法構想の際の基本視角を提示したい。[15] 同時に，④集団的労働条件決定システムにおいて団交のあり方が中核になるので，その点についても検討しておきたい。

　ところで，公務員の労働基本権といえば，いままではもっぱら争議権が想定されていたが，ここでは団体権・協約締結権を中心に考察したい。団交・協約締結が労働条件決定の中核を占めるからである。とりわけ，今後労働条件の不利益変更が主要な課題になることが予想されるので，団交（権）のもつ意義が重要である。また，争議権自体が現代の労働条件決定過程において必ずしも重要な位置を占めていないことと[16]，公務員については，争議権を制約する社会的必要性が高いからである。とはいえ，公務員につき争議権が認められるべきではないとは考えていない。

1　公務員勤務関係の特質

　原理的議論として，使用者と労働者の間の法的関係は，民間については労働契約であり，契約の自由，対等決定という基本原則がある（労基法2条）。労働条件も労務内容も当事者の合意によってきめるという建前といえる。労使自治はその延長であり，労働基本権もそれを前提としている。協約の規範的効力も

---

[15] 　権利保障システムの構築も重要な問題であるが，ここではとりあげない。現行システムの不十分さは多くの論者が指摘している。たとえば，中村博『公務員法の理論と実態』（1972年，中央経済社）54頁，佐伯祐二「公務員法における措置要求について（二）」広島法学23巻2号（1999年）99頁。

[16] 　拙著『不当労働行為法理の基本構造』（2002年，北大図書刊行会）170頁。もっとも，公務員の争議権をデュープロセス的観点から把握すべきという新主張もある（渡辺・前掲「適正手続保障としての労働基本権（二）」122頁）。

契約との関係を問題にしている（労組法16条）。

　では，公務員についてはどうか。公務員の勤務関係は，労働者の合意を前提とした公勤務関係とみなされている[17]。合意が必要とはいえ，労働契約的な「契約の自由」が前提とされているわけではない。契約の自由に由来する労使自治もストレートには認められない。

　この公務員勤務関係の基本的特質は，集団的労働条件決定との関連においては次の３点において具現しており，立法構想の際に特に留意すべき事項である。

　第一は，採用のあり方である。まず，労働者と使用者が対等な立場に立ち，当事者の合意によって労働条件を決定するという図式ではなく，賃金や労働時間等の基本的労働条件については法定されている。とりわけ採用手続・基準・人数（定員）等については公的なコントロール下にある。また，選考方法については，試験等による能力中心の公平な採用が義務付けられる[18]。採用の領域については労使自治をほとんど想定できない。

　第二は，業務（職務）命令の性質・拘束力である。民間ならば，業務命令内容は当事者の合意に基づく。実際には，就業規則の規定によって使用者に包括的な業務命令権は付与されているが，法的な説明はあくまで「合意」に基づく[19]。他方，公勤務の場合は，職務（業務）命令は基本的に行政の実現のために出されるので，合意に基づくものではない。その点からは，当局も適切な職務命令を出すことが義務付けられる。

　とはいえ，職務命令には，政策の実現という側面とともに労働条件的側面もある（たとえば，特定の職務に関する残業命令）。前者の側面については職務命令につき強い拘束力があるが，後者の側面については民間の場合と基本的な差異はないと思われる。この両側面をいかに関連付け，分離するかが職務命令法理

---

[17] 公務員勤務関係の基本的特徴については，田中館照橘「公務員法総説」雄川＝塩野＝園部編『現代行政法体系9　公務員・公物』（1984年，有斐閣），田村浩一「公務員の勤務関係」同上『現代行政法体系9』，峯村光郎『公務員労働関係法（新版）』（1973年，有斐閣法律学全集），鵜飼信成『公務員法（新版）』（1980年，有斐閣法律学全集）等参照。

[18] さらに，判例上辞令交付が必要とされている（東京都建設局事件　最一小判昭和57．5．27労働判例388号11頁）。

[19] 電電公社帯広局事件　最一小判昭和61．3．13労働判例470号6頁参照。

の中核となる。[20]

　第三は,同一職種における労働条件の統一性である。国には公務員との関係において公平・平等の取扱いが強く要請されていることから,同一職における労働条件の統一性が求められる。また,公務内容が法定化されているので,全国一律に定型的な公務サービスを提供しなければならず,国民(顧客)との関係において公平,統一的な取り扱いが期待されている。その点において公務遂行に対する対価たる賃金についても基本的に平等,統一的な取扱いが必要とされよう。まさに,全体の奉仕者たるゆえんである(憲法15条2項)。このレベルにおいても労使自治は一定の制約をうける。つまり,民間におけるような併存組合の「自主」交渉,その結果たる同一職種に対する複数の賃金体系は許されないと思われる。とはいえ,統一性はあくまでもルールとしてのそれであり,ルールの適用の結果個別に相違が生じることは問題にならない(能力査定)。

2　議会権限との調整

　労働条件の基本的部分は法定され,人事院規則でその具体化が図られている。労使はそれらに拘束される。では,現行の基本システムを前提として,労使で自主的に決定しうる範囲はどうなるか。考えられるのは次の3つのケースである。
①法律,規則内容の一般的形態での具体化・詳細化。
②法律,規則内容等の個別的な具体的適用。
③法律,規則において規定していない事項。

　また,自主的な労働条件決定のレベルではないが,労使で将来的な法律,規則の作成に向けて話し合いをもつことはできる。つまりその過程においては,組合も政策形成主体としての側面がある。しかし,それはあくまで「政治」的過程であり,当事者として関与する労働条件決定過程ではない。
　次に,集団的な労働条件決定システムの基本パターンを確認し,それをふま

---

[20]　職務命令の拘束性については,今村成和「職務命令に対する公務員の服従義務について」杉村章三郎先生古稀記念『公法学研究上』(1974年,有斐閣)67頁,藤田宙靖「公務員法の位置づけ」『田中二郎先生追悼論文集　公法の課題』(1985年,有斐閣)409頁参照。

えてあるべき公務員の集団的労働条件決定システムを考えていきたい。判例法理をも含めてこの点について必ずしも適切な論議がなされていないからである。一応以下の4つのパターンが考えられる。

Aパターン。共同決定原則であり，労働条件の決定・変更につき組合の合意を必要とする。最判は前述のように憲法28条をこの趣旨で把握していると思われるが（前掲・全逓名古屋中郵事件，前掲・国立新潟療養所事件），疑問である。また，一般的にいって共同決定の前提には，労働者集団・組織の強制設立が必要とされよう。

Bパターン。自主団結を前提に，団交により労働条件を決定し，団交自体が使用者に義務付けられるとともに協約に法的効力がある。これが憲法28条の趣旨であり，現行の労組法のシステムである。労働条件決定につき，必ずしも労働組合の「同意」までは必要とされていない点においてAパターンと異なる。団結義務ではなくまさに団結「権」が前提となる。

Cパターン。団交，協約の作成が予定されており，協約に法的効力があるが，協約内容によっては議会権限との調整を必要とする。現行特定独立行政法人等の労働関係法のシステムである。

Dパターン。労使の団交およびその結果たる「合意」は想定し得るが，当該合意に法的な拘束力がない。その意味では，団交は集団的な意見表明権に他ならない。これが現行国公法のシステムである。

立法政策として，労働条件基準につきどの程度詳細に法的に規制すべきかについて多様な選択がありうるが，ここでは基本的な労働条件は法定化されることを前提に考えたい。議会の権限とともに集団的な労働条件決定原則を重視するならば，公務員についてはCの選択が妥当と思われる。公務員法制としての独自性は，交渉段階ではなく，むしろ合意の実施・拘束力のレベルで考えるべきである。また，議会権限との調整を通じてなされる一連の決定過程（団交

---

21) 議会が独自の立場において労働条件決定を適切になしうるかの問題もある。室井力『公務員の権利と法』（1978年，勁草書房）39頁。また，労働協約締結と議会の権限との関連については，青木宗也＝室井力＝中山和久＝竹下英男「共同討議・公務員労使関係と労働協約」労働法律旬報956号（1978年）10頁以下参照。

→協約締結→協約の修正）の透明性を確保しうるという大きなメリットもある。その点Ｄの選択は，集団的労働条件決定原則に明確に反するとともに，労使が一体化して労働条件を「決定」している場合にはその過程や問題点が表面化せず国民的・外部的なコントロールが困難となるという欠陥も有する。

　ここで，当局の立場の二重性を確認しておくべきである。つまり，一方では使用者として組合との対抗的側面があり，他方で組合と一体化して公務を実施する側面がある（外部との関係における利害の共通性）。利害対立内容の明確化，透明化，公開性は労働条件決定過程に対する国民的コントロールのために不可欠と思われる[22]。また，後述の公正代表義務的な立場からは，組合内部における意思決定過程を明確にする必要もある。その点では，個々の公務員との関係における透明性も重要である。とりわけ，今後予想される労働条件の不利益変更事例につきそういえる。Ｄパターンには，この一連の過程における透明性が明らかにならないという欠陥があることをはっきりと認識する必要がある。

　ここで，以上の論議をふまえ今後の公務員制度改革との関連で特に問題になる事項を確認しておきたい。

　第一は，能力主義・成果主義の導入にともなうものである[23]。具体的争点の一は，勤務条件法定主義との関連であり，新たな労務管理システムを形成する際に，勤務条件法定主義の観点から，その内容をどの程度具体的に法定化すべきか，また，団交において処理すべき事柄との調整が問題になる。その二として，ルールの構築ではなくその適用レベルになると，個別人事や賃金額決定につき組合の代理的役割も重要となり，同時に独自の紛争処理システムも必要となろう。

　第二は，公務員像の変化にともなうものである。公務の実施主体としての公務員像について，年功処遇，身分保障に安穏として，上司の指揮命令下でいわれたことだけを行う公務員から，専門的観点からより積極的に公務を行う公務[24]

---

[22]　公共性の特徴として公開性を強調する見解として，瀧川裕英「公開性としての公共性」2000年版法哲学年報23頁以下。

[23]　民間における動向については，特集「賃金処遇制度の変化と法」日本労働法学会誌89号（1997年），日本労働法学会編『講座21世紀の労働法5巻　賃金と労働時間』（2000年，有斐閣）等参照。

員への変貌が期待されている[25]。そのような観点からは，仕事（公務）内容についての上司の説明責任・義務が重視され，個々の職員の一定の関与が想定され[26]，その延長としての組合の関与権も構想しうる。つまり，組合について，公務実施主体たる公務員の利益を代表する集団としての位置付けが可能となる。

第三は，労務管理権限，主体の分散化（人事院，内閣，省庁，出先等）にともなうものである。団交との関連では，交渉事項に応じた交渉関係の分散化等が考えられる。

3 団交の在り方

以下では，Ｃパターンを前提とした集団的労働条件決定システムを，団交のあり方，特に義務的交渉事項を中心に考察したい。団交に着目したのは，それが具体的決定過程の中核となるからである。ところで，団交のあり方といっても，多様な論点があるが，公務員法独自の問題は交渉事項に他ならないので[27]，なにが義務的な交渉事項となるかを中心に検討したい。具体的に想定されるのは以下の諸事項である。

①一般的な管理・運営事項

民間における団交の場合は，管理運営事項は義務的な交渉事項とされないが，使用者が任意で応ずることは禁止されていない。また，実際にも労使協議の対象となることは多い。しかし，公務員については，管理・運営事項は公務の実施に関するものなので，労使間の団交事項にすることは禁止される。その意味では，当局の応諾行為自体も許されない。なお，管理・運営事項が労働条件に関連する場合はその範囲で義務的交渉事項となる。

---

24) 職務専念義務（国公法101条）の履行こそが課題であった。
25) 佐藤英善＝早川征一郎＝内山昂『公務員の制度と賃金』（1984年，大月書店）120頁（晴山一穂執筆）は，職員参加の視点を重視している。
26) 例えば，大綱前文では，「行政を支える公務員が，国民の信頼を確保しつつ，主体的に能力向上に取り組み，多様なキャリアパスを自ら選択することなどにより，高い使命感と働きがいを持って職務を遂行できるようにすることが重要である」と提言している。
27) 団交権保障の意義等については，拙稿「団体交渉権の法的構造」『講座21世紀の労働法8巻　利益代表システムと団結権』（2000年，有斐閣）参照。

②労働条件基準

賃金や労働時間等の労働条件基準は義務的交渉事項となる。法令内容を具体化する場合は当然として，法令内容の将来的変更を意味するものであっても団交事項となり，協約の締結も許される。もっとも，その内容によっては議会権限との調整が必要とされる。

③個別的人事

労働条件基準だけではなく，その適用も義務的交渉事項となる。これは実際には苦情処理に他ならないが，組合が団交という方式を採用したならば，団交法理が適用され労働条件に「関する」事項とみなされる[28]。

④人事管理システム

人事管理システムは，勤務内容自体の設定・評価が問題となるので，管理・運営的な側面もある。しかし，勤務成績に関する基準・ルールは，それによって具体的処遇や賃金が決定されるので基本的に労働条件に関するものといえる。原則として義務的交渉事項となる。

今後，能力給・成果給の導入に伴ってこの点が正面から争われることが予想される。ところで，能力主義の導入にともなって「能力」「成果」基準の具体化，とりわけ「実績評価の対象[29]」や能力評価のし方[30]が問題となる。これらの事項も賃金額に連動するので義務的交渉事項になると思われる。同時に，給与の個別化によって労働条件およびその決定過程が外部から見えにくくなる事態が生じる恐れもある[31]。

⑤仕事内容

仕事自体は労働条件ではないので通常は義務的団交事項にならないとされている。しかし，次の2点において今後見直しが必要と思われる。その一は，仕事内容自体は労働者の働き甲斐や人格と不可分に結びついているからである。

---

28) 奈良学園事件　最三小判平成4．12．15労働判例624号9頁等。
29) 新人事評価システム研究会監修『公務員のための新人事評価システム』(2001年) 38頁。
30) 「討議的参加制度」を前提とした能力評価の主張もある。西谷＝晴山・前掲書157頁（白藤博行執筆)。
31) 西村美香「New Public Management (NPM) と公務員制度改革」成蹊法学45号 (1997年) 144頁。

いわゆる職場イジメの事案では、仕事を与えないことや無駄な仕事をさせることが人格権侵害とみなされている。[32]労働組合としても仕事の仕方自体について「交渉する」一定の利益があるわけである。その二として、とりわけ公務員については、使用者（当局）のために働いているわけではないので、仕事（公務）内容について発言し、交渉する必要は民間の場合よりより大きいといえる。その点では、労働組合の役割として「公務の担い手の集団」としての側面や役割を重視することが必要であろう。[33]

もっとも、仕事内容は公務に他ならないので、団交→協約の締結までが認められるかという基本問題は残されている。義務的「交渉」事項とされても、団交の中身は原則として仕事の仕方についての「説明・協議」とならざるをえない。なお、理論的には、説明・協議過程と組合内における公正代表義務がどう関連するかの問題もある。

以上のように団交・協約システムを構想していくと、公務員法における団交概念の見直しの必要がでてくる。つまり、団交→協約の締結という団交システム以外に、必ずしも協約の締結を目的としない説明中心の団交過程をも想定しうるからである。

4　労働組合の代表制

労働協約による労働条件の不利益変更事案が一般化するにともない、労働組合がいかなる意味で組合員を代表するか、協約の規範的効力は両面的か、また協約締結の際の手続のあり方等について活発な議論がなされている。[34]判例法理としても、協約締結の前提として、適正な組合内部手続をとるべきことが重視されている。[35]同時に、協約は非組合員にも適用されるか（労組法17、18条）、ま

---

32) 拙稿「職場における人権保障法理の新たな展開」日本労働研究雑誌441号（1997年）2頁以下。
33) 根本・前掲論文24頁参照。
34) 労働組合の公正代表義務については、拙稿「労働組合の公正代表義務——新法理への模索——」日本労働法学会誌69号（1987年）参照。
35) たとえば、中根製作所事件　最三小決平成12．11．28労働判例797号12頁、鞆鉄道事件広島地福山支部判平成14．2．15労働判例825号66頁等。

た多数組合との合意は就業規則の不利益変更の合理性判断においていかに考慮されるべきか等についても論議の対象となっている。

では，公務員組合についてこの代表制をどう考えるべきか。

本稿では，原則として労使間合意に協約としての効力があるという前提で考えており，さらに，前述のように同一職種における労働条件の共通性・統一性をも重視している。つまり，協約内容は，組合員だけではなく非（別）組合員にも適用あると考えている。組合は「従業員代表的」機能をはたすわけである。また，従業員代表的な観点からは，労働組合の構成員となる資格のあるものを原則当該職場に所属している者（公務員）に限られるという構想も可能であろう。

こう考えていくと民間の場合のような「団交関係の複線化＋自主交渉原則」という併存組合法理の適用は困難となる。むしろアメリカ法的な排他的交渉代表制のアイデアのほうが適合的と思われる[36]。交渉の一元化による統一的な労働条件の決定プラス非（別）組合員をも含めた公正代表義務という構想なわけである。

もっとも，排他的交渉代表制といっても，交渉単位をどう決めるか，交渉事項によって単位が異なることはありうるか，また，代表者は当該単位内の「過半数」代表でなければならないのか[37]等の基本問題は残されている。さらに，少数組合に一定の役割を認めるべきか等の難問もある。今後，人事管理や賃金額決定の個別化にともなって（少数）組合の代理的役割も重要になるからである。

なお，ここでは団交→協約締結という図式で考えているが，交渉事項によっては説明・協議中心の団交も想定し得る。その点では団交権概念の見直しも必要と思われる。また，説明・協議の場合の組合の代表制をどう考えるかという

---

36) 排他的交渉代表選挙については，中窪裕也『アメリカ労働法』（1995年，弘文堂）99頁以下。特徴と直面する問題については，前掲・拙著『不当労働行為法理の基本構造』204頁以下参照。また，公労法は，交渉単位制度を採用していたが，交渉委員制度と併用していたため混乱が生じ昭和31年に改正されるに至った。峯村光郎『公共企業体等労働関係法（新版）』（1972年，有斐閣）19頁以下参照。

37) 前掲・西谷＝晴山114頁（西谷執筆）は，職員の過半数代表のアイデアを提起している。

38) 人事院編『平成14年度版公務員白書』（財務省印刷局）193頁は，団交ではなく「会見」と表現している。まさに，象徴的な表現である。

難問も残されている。[38]

　難問といえば，組合内部問題法理の確立がある。具体的には，ユニオンショップ制の許否や組合民主主義に基づく協約締結に向けた意思決定のあり方，さらに，管理職組合等の問題も残されている。もっとも，これらは民間の労使関係法のホットなテーマでもある。こう考えてくると，公務員労使関係法の直面する立法的課題は，民間の今後の課題に他ならないことがわかる。

　　　　　　　　　　　　　　　　　　　　　　（どうこう　てつなり）

〈コメント〉

行政法学の立場から見た公務員制度改革

晴 山 一 穂

(専修大学)

は じ め に

　私に依頼されたテーマは，2001年12月の「公務員制度改革大綱」に基づいて現在進められつつある公務員制度改革について，行政法学の立場からどのように考えるのかコメントするというものである。しかし，この問題に関する行政法学の議論は，現在のところいまだ十分になされているわけではなく，また行政法学界として共通の見解が見られるわけでもない。以下は，あくまでも行政法学を専攻する私個人の立場から見た，今次公務員制度改革の評価とコメントであるということをあらかじめお断りしておきたい。

I　改革手続から見た特徴と問題点

　行政法学の観点から見た場合，今回の改革には，その内容もさることながら，改革の手続という点から見ても見逃せない論点が含まれている。この点を見るために，まず，今回の改革に至る経過を簡単に振り返っておきたい。

1　改革の経過

　今回の改革の発端は，いわゆる橋本行革にさかのぼることができる。周知のように，橋本内閣の下では，中央省庁改革全般を審議するための機関として首相自身を会長とする行政改革会議が設置されたが，公務員制度改革については別途公務員制度調査会（以下，公制調という）が設けられていた。発足以来50余

年を経た現行公務員制度の問題点を全般的に洗い出してその改革方策を提起することを任務とする同調査会には，菅野和夫（労働法），佐藤英善（行政法）の両氏を始めとする専門研究者のほか，評論家，官民の労働組合役員，経済人，人事院関係者など多様な層を代表する人々が参加していた。行政改革会議も，このような経過をふまえて，公務員制度改革については公制調の今後の審議に委ねることを最終報告で答申し，その任務を終えることとなった。これをうけて，公制調は，1999年3月に「基本答申」を小渕首相（当時）に提出し，残された労働基本権問題の検討のために，さらに審議を継続することとなった。

ところが，このような公制調の動きとは全く別の動きとして，2000年の秋ごろから，「スト権付与・特権的身分保障剥奪」を内容とする与党の改革案が大々的に報道されるようになり，こうした状況の中で，同年12月の「行政改革大綱」において，公務員制度改革が重要課題のひとつにとりあげられることとなった。これをうけて，翌2001年の初めには，内閣官房の下に「行政改革推進事務局」が設置され，公務員制度改革の検討はその中に設けられた「公務員制度等改革推進室」（以下，推進室という）の手によって進められることになった。推進室は即座に改革案の作成作業に着手し，わずか3ヶ月後に今回の改革の基本となった「公務員制度改革の大枠」を提出し，その内容が6月の「基本設計」を経て12月の「公務員制度改革大綱」へとつながっていくことになる。以上の経過の中で，すでに答申まで出していた公制調は，その審議経過を事実上完全に無視されたままでその任務を終えることとなった。

2 改革手続の法的意味

このような改革の進め方は，従来の制度改革の進め方と比較するならばきわめて異例のものといわなければならない。とりわけこの点に関して行政法学の観点から見て見逃せないのは，このような改革の進め方を可能とする法的仕組みが今回の中央省庁改革によってすでに用意されていたということである。すなわち，今回の省庁改革の結果として内閣法12条が改正され，それまで総合調整と情報収集に限定されていた内閣官房の事務に，内閣の重要政策の基本方針に関する企画立案・総合調整および行政各部の施策の統一を図るための企画立

シンポジウム（コメント）

案・総合調整という新たな事務が付け加えられることとなった。この改正によって，これまで審議会の審議を経て，また省庁間の調整を経て行われてきた政策の策定過程に代えて，内閣官房が——具体的にはその中に設けられた事務局・室に集められた一部官僚集団が——重要な国家政策の基本方向を決定することが可能になった。もちろん，このようにして決められた内閣官房の方針は，最終的には閣議決定を経て法案化されることになるが，「大枠」（推進室決定）→「基本設計」（行政改革推進本部決定）→「大綱」（閣議決定）という今回の改革の流れからも明らかなように，基本方向は最初の「大枠」の時点で，内閣官房によってすでに決められてしまっていたのである。

3　今回の改革手続の問題点

今回のこのような改革手続に対しては，大きくいって次のような問題点を指摘することができる。

(1)　審議手続の非民主性

この点は，なによりも今回公制調がたどった運命に象徴されているといえる。もちろん従来の審議会制度に多々改善すべき点があることは事実であるが，推進室が主導した今回の改革は，部分的にではあれ，現在の審議会がもっている国民各層の多様な意見の反映という機能をも蔑ろにすることになった。もうひとつは，公務員労働組合との交渉・協議が十分に保証されなかったということである。この問題が組合側の提訴によって現在ILOの舞台に持ち込まれていることは，周知のとおりである〔補注：その後，ILO理事会は，この点に関する政府の対応を改めるべき旨の勧告を2002年11月21日付で行った〕。

(2)　改革過程の非透明性

もうひとつの問題は，審議が非公開で進められたということである。情報公開の進展の中で，近時審議会の審議過程もかなりオープンにされるようになっており，少なくとも議事録の公開は最低限の要請となっている。これに対して，推進室主導の今回の改革作業はほとんど密室状態に近い状況の中で進められてきた。

(3) 人事院の軽視

　各省庁の官僚から構成された推進室には人事院からも当然派遣されることとなったが，改革作業の中心を担ったのは人事院以外の省庁の官僚であり，「中央人事行政機関」として本来改革の中心に据えられるべきであった人事院の役割は，具体的実務作業へと矮小化されることになった。このような改革過程における人事院の取扱いと人事院の権限弱体化という大綱の内容とが密接に結びついていることはいうまでもない。

II　改革内容から見た特徴と問題点

　今回の改革内容については，立場によってさまざまな見方がありうるし，改革方策のうちどの点に着目するかによって評価の視点も異なってこよう。以下は，大綱の基本的発想ないし立脚点についての私自身の感想的な評価である。本来であれば大綱の具体的内容との関連で論じる必要があるが，紙数の関係で具体論は省かざるをえない。

1　「この国のかたち」再構築のための公務員制度改革

　最初に指摘しなければならならないことは，今回の改革が，21世紀の日本のいわゆる「この国のかたち」作りのための公務員制度改革であるということである。今回の改革が橋本行革の一環であることはさきに述べたが，行政改革会議最終報告は，みずからが提起した21世紀の国家戦略を故司馬遼太郎氏の言葉を借りて「この国のかたち」の再構築と表現した。「大枠」が明確に述べているように，今回の公務員制度改革は，まさにこの「この国のかたち」の再構築にふさわしい公務員制度を作り出すためのものである。

　このように，今回の改革では，戦後50年間の公務員制度の問題を客観的かつ多面的に明らかにしてその改革方策を探るというよりも，現行制度を「この国のかたち」作りにとっていかに適合的な制度に組み替えていくのかという問題意識が全体を支配することになっている（この点が公制調答申とのスタンスの違いでもある）。たとえば，大綱では「政府全体としての適切な人事・組織マネジメ

シンポジウム（コメント）

ントの実現」が最初の章に置かれ，人事だけではなく組織管理も含めたさまざまな方策が提起されているが，ここでは，本来の意味での公務員制度改革というよりも，内閣の政策遂行にいかに適合的な弾力的・機動的なシステムを作りあげるかという問題意識の方が前面にでている。各省大臣を法律上「人事管理権者」として明確に位置づけるという方針もここからでてくるものであり，また，各省大臣の人事行政に対する人事院によるチェックを弱め，人事行政全体の規制緩和を進めていこうとするのも，ここに起因しているといってよい。

「この国のかたち」作りという行革目標自体については，賛否両論さまざまな見解が提示されているが，少なくともこの目標を公務員制度改革に直結させ，それを最大の価値基準としながら今後の改革を考えていこうとする大綱の発想は，本来の公務員制度改革のあり方からするならばきわめて一面的で説得力を欠くものといわざるをえない。たしかに公務員制度は時の政治や政策動向と無縁ではありえないが，その中長期的な改革のあり方は，「国民全体の奉仕者」の観点を基本にしつつ，政治の世界から相対的に独立した立場に立って検討されなければならない。このような観点に立って見れば，現行制度には公務員制度改革としてとりあげるべき多くの具体的課題が存在しているが，「この国のかたち」作りの観点に支配された大綱にあっては，このような課題が真剣にとりあげられる可能性は当初より存在しなかったということになろう。与党案として当初大々的に喧伝されたスト権付与構想が，推進室の検討に入ったとたん全くとりあげられることがなくなり，現行規制の維持という一言で最終処理されてしまった労働基本権をめぐるこの間の経緯は，このような今次改革の一面性を象徴するものといってよいであろう。

2 戦後公務員制度に対する消極的評価

もうひとつの特徴は，現行公務員制度に対する消極的評価という点である。周知のように，現在の公務員制度は，戦後改革の一環としてGHQの主導の下で作られたものであり，明治憲法の「天皇の官吏」から現行憲法の「全体の奉仕者」への転換を踏まえ，「公務の民主的且つ能率的な運営を保障することを目的」（国公法1条・地公法1条）として，戦前の官吏制度には見られなかった

さまざまな新しい原理が導入されることとなった。たしかに現行制度には憲法の観点から見て問題となる種々の規定も含まれているが（労働基本権の制限，政治活動の制限など），全体として見るならば，なお戦後改革の成果として憲法の理念を反映した民主的側面が残されていることは否定できない。「全体の奉仕者」性を前提とする「公務の公平性・中立性の確保」のための諸規定（兼職禁止や天下り禁止，またそれを確保するための独立機関＝人事院によるチェックなど），戦前のような身分差別を排除した公務員の一律的取扱い（もっとも，現実にはキャリアシステムという運用上の大きな問題を伴っているが），などがそれである。

今回の公務員制度改革においては，現行制度のこれらの民主的側面にその矛先が集中している点に大きな特色がある。人事院制度の形骸化，天下り規制の実質的緩和，官民交流の促進，キャリアとノンキャリアの区別の維持とキャリアの特権的地位の強化（国家戦略スタッフの創設等）など，いずれも今回の改革の中心をなすものである。また，戦後の科学的人事行政の象徴とされてきた職階制を廃止し，人の能力に着目した能力等級制度を導入しようとするのも，一種合格者を4倍化して成績主義の実質的形骸化を図ろうとするのも，同様の脈絡で捉えることができる。

III 今次改革が行政法学と労働法学に対して提起するもの

最後に，今回の改革が行政法学と労働法学に対して投げかけている問題について触れておきたい。

そのひとつは，公務員制度の本来の改革のあり方をどのように考えるのかという問題である。これまでの叙述からもわかるように，私自身は今回の改革に対してかなり批判的な立場をとっているが，だからといって現行の公務員制度を擁護していれば事足れりというものでないことも事実である。労働基本権の制約や政治活動の権利の制限は言うに及ばず，職階制や成績主義の現状など，現行制度はさまざまな制度上・運用上の問題を抱えており，今次改革への賛否は別にして，これらの問題についてどのような視点に立ってどのような方向で改革を進めるべきかは，行政法学と労働法学に対して共通に課せられた課題で

シンポジウム（コメント）

あるといってよい。

　もうひとつは，今後の公務員制度改革を考えていくうえでの最も重要な論点として，公務員法制と民間の労働法制の関係——両者の同質性と異質性——をどのように考えるべきかという問題がある。いいかえれば，公務員法制が民間の労働法制に対してどの程度の特殊性をもっているのか，またもつべきなのか，という問題である。この問題は，これまで，労働基本権の捉え方をめぐって公務員の「全体の奉仕者」性と「労働者」性の関係をどう捉えるかという形で議論されてきたが，問題は労働基本権に尽きるわけではない。たとえば，身分保障についていえば，公務員の身分保障と民間労働者の解雇規制の関係をどう考えるのか（現行公務員法の身分保障規定と判例における民間の解雇権濫用の法理，とりわけ解雇4原則との比較，将来の官民双方の解雇規制ルールのあり方など），勤務条件についていえば，両者の法体系の違いをどう考えるか（公務員の勤務条件法定主義と民間の労基法による労働条件の決定との関係，公務員に対する労基法の適用問題など），人事行政機関についていえば，人事院と労働基準監督署・労働委員会の関係，など多くの論点をめぐって，この基本問題の解決が迫られている。

　この問題は，労働法学と行政法学の双方に共通して投げかけられている問題といってよいが，この点に関する行政法学と労働法学の発想の間にはおそらく一定の距離があるのではないかと推測される。いささか乱暴に整理すると，「公務員法制の特殊性を強調しようとする行政法学」対「公務員法制と民間労働法制の同質性を強調しようとする労働法学」という図式を想定することができるのではないかと思われる。いうまでもなく，これは両者の対立関係を強調しようとするものではない。二つの法分野のアプローチの違いは，公務員法制と民間労働法制の双方がもっている本質的な側面に対してそれぞれの立場から光を当てようとするものであって，この両者の捉え方を総合することによって，初めて両者の本来の関係の全体像が把握できるのではないかと私は考えている。今後の相互の議論の交換を通して少しでもこの全体像の把握に近づくことが可能となることを期待して，私のコメントを終わりたい。

〈参考文献〉

西谷敏・晴山一穂編『公務員制度改革』(大月書店, 2002年), ジュリスト1226号 (2002年) の特集「公務員制度改革」所収の諸論文, 晴山「公務員制度改革をどうみるか――行政法学からの検討」労働法律旬報1510号 (2001年8月号), 同「『この国のかたち』改革と公務員制度改革大綱」国公労調査時報471号 (2002年3月号) など。

(はれやま　かずほ)

〈シンポジウムの記録〉
公務員制度改革と労働法

和田肇（司会＝名古屋大学） それではこれから，「公務員制度改革と労働法」のシンポジウムをはじめたいと思います。順番に各報告について約30分位ずつ議論した後で，最後にまとめの議論をしたいと考えています。

1 公務員労働関係法制の改革と公務員の範囲

● 公務員の範囲と規制のあり方

最初は清水会員への質問ですけれども，西谷会員，前田会員，宮島会員という順番でお願い致します。中島会員の質問につきましては，あとで川田会員のところでまとめて扱わせていただきます。

最初に西谷会員のほうから質問についての趣旨説明を簡単にお願いします。

西谷敏（大阪市立大学） ごく簡単な質問なのです。最後のほうで晴山さんがコメントされたことと関係しているのですが，公務員制度の問題を考える場合に一番よく分からないのは，公務員っていったい何だろうということなのです。公務の特殊性と民間労働者との共通性という両面で考えなければならないと思うのですが，その関係をどう見るかという問題です。その際，日本の公務員は例えばドイツのベアムテに比べますと非常に範囲が広いわけです。そういう範囲の広さが性格規定を難しくしている一つの要因かもしれないと思います。

今日の清水さんのご報告の中で，公務の民間化，つまり公務員の範囲がどんどん狭まっていく，しかし憲法上の要請からどうしても残る部分があるという見取り図が描かれたのですが，そうすると最後に残った公務員というのは，従来の公務員よりはかなり範囲が限定された，公務の性格が非常に強い分野の担い手ということになると思うのです。

そうするとそのような公務員のとらえ方が，従来の公務員の見方と同じでいいのか，あるいはもっと公務員の特殊性というのが強調されることになるのか。管理の手法からいうと民間と共通している面も出てくるといわれますが，範囲が限定されるのであれば，むしろ特殊性が強調されてもよいはずです。その辺りの問題をお伺いしたい。つまり，公務員の範囲が狭くなるという場合，そのことと，公務員の見方がどのように関係しているのかという問題です。よろしくお願いします。

清水敏（早稲田大学） イギリスを例に取りますと，従来のパブリックサービスでは，一方においてドラスティックな民営化や民間委託が進みますが，他方において，引き続きパブリックサービスにとどめられた分野においては，業績主義賃金システム

の導入など，特に人事管理に関して民間部門で採用されている手法が積極的に導入されております。また，シヴィルサービスでは，従来，国王との勤務関係が契約関係であるか否か，判例上確定しておりませんでしたが，1991年の判決において，市場原理と親和性のある雇用契約関係と把握されるようになりました。こうして「公務」の徹底的なアウトソーシングを行い，それでもなお「公務」に残る分野があるわけですが，この分野についてもでき得る限り「民間化」する方向が一般的ではないかと思います。

次に，わが国の行政改革および公務員制度改革において，この論点はどのように展開されているのか，です。報告の中でも触れましたが，わが国でも「大綱」のなかで，内閣主導の人事行政の推進が述べられていますが，そこではいわゆる新人事制度が提案されております。これは，明らかに民間で行われている人事評価制度，内閣主導（人事院ではなく）で「公務」に導入しようとしているように思われます。「民間化」の兆しを見ることができるわけです。もっともわが国の場合，交渉による勤務条件決定システムの否認や登録制度による組合結成の事由に対する制約などがあり，イギリスの場合に比べて，著しい開きがありますが。

結論的に申し上げますと，公務員の範囲を絞り込んだ場合，伝統的な「公務」のイメージが純化されて，民間労使関係にはない規制が従来以上に強化されるのではないか，という見方もありえますが，実態をみますと，市場原理は，「公務」に残された分野にも浸透しつつあると見ております。

● 経営形態の変更と公務員制度

和田（司会＝名古屋大学）　もう一つの質問が前田会員のほうから出ていますので，読ませていただきます。「公務員の範囲の見直し，非公務員化は主として経営形態の変更を通じてなされてきたのではないか。例として鉄道省から国鉄，さらに JR，通信省から電気通信省，電電公社，NTT など。さらには独立行政法人化も。また，特定の部門，業務の外注化，派遣労働代替の経営形態変更の一変種であると考えられる。他方，高級公務員については人事院の縛りから解放して内閣によって直接コントロールするシステム作りが必要とされているように思われる。」そこで質問ということで，
1．経営形態変更の問題をどのように考えれば良いか。経営形態の変更を進めていくと，「小さな政府論」に行き着くと思うが。
2．経営形態の変更がない公権力の行使等にかかわる部門の一般公務員についての制度改革はどうなっているのか，あるいはどうなるのか，その見通しを示していただきたい。こういう2つの質問です。

清水（早稲田大学）　ただいま2つのご質問をいただきましたが，2番目のご質問は，さきほど，西谷会員のご質問と同趣旨だと存じますので，とりあえず，最初のご質問についてお答えしたいと思います。「小さな政府」如何というご質問ですが，問題の焦点は，国民や住民が受け取るサービスの質とそれに要するコストの問題だと

思います。従来は，いわゆる「公務」は，当然公務員が担い手であると考えられてきたわけですが，現在では，必ずしも公務員に限定する必要はないという認識に転換したと思います。したがって良質なサービスが適切な価格で提供されるならば，サービスの担い手は必ずしも公務員である必要はなく，結果として「小さな政府」につながっていくことはありうると思います。

和田（司会＝名古屋大学） 前田会員，それについてもう少し何か質問がありますか。

前田達男（金沢大学） 金沢大学の前田です。答弁で触れていると思うのですけれども，要するに今までのところ，非公務員化というのが経営形態を変更するという形式においてなされてきたわけです。つまり，事業主体自体を変えて，その事業主体自体が国ではなくて，法人であったり，株式会社であったりと変わってきている，そういう在り方についてはどうお考えですかという質問です。

清水（早稲田大学） 少々言葉が足りませんでした。もう一つの論点は，サービスは，原則として行政組織によって供給されるべきであるか否かということです。広い意味の公務の中において，国が直接担当すべき事務・事業は何かという問題になりますが，これは基本的に立法政策の問題だと思います。先ほど述べましたことと同じことですが，良質なサービスを適正な価格で供給すべきだという要請を実現するのに，一般論としては，行政組織が相応しい場合もあるでしょうし，民間組織に委ねる方が

よい場合もあるでしょう。中央省庁改革基本法は，行政組織以外の組織によって良質なサービスを適正な価格で提供できるならば，行政組織はそこから引きあげるという原則を定めたものと思います。個人的には，結果的として行政組織の事務・事業が縮小することは問題ないと思います。

● 非常勤職員の勤務実態と実務上の法的取扱い

和田（司会＝名古屋大学） 三番目に宮島会員のほうからのご質問で，三点ありますから，すいませんけれども，三番目の点だけ質問として取り上げさせていただければと思います。

宮島尚史（弁護士） 一番目のほうで委託あるいは派遣ということに触れられたけれども，これは戦前，特に戦中の場合にいろいろなかたちでなされたわけで，東洋拓殖株式会社などが委託を受けてコリアでいろいろな人間を拉致供給してくる。それで間に合わなくなったから，その後には軍が強制的に連行してくる。委託などは突然昨今の行革で出てきたことではなさそうに思う。また派遣については派遣を受け入れる側から，総論でいろいろ詳しくご指摘になったのですが，官公庁自身が他の官公庁に派遣する，あるいは民間に派遣する，自衛隊員を区役所に派遣するというようなことをやっている。判検交流やボランティアを含む海外派遣等もその一つ。つまり派遣する側につきどのようにお考えであろうか。それから二番目は一番終わりの晴山先生が少し触れられたことで，二度目の質問票に

記したので，あとまわしにします。

　三番目は清水会員の，非常勤職員または有期職員雇い止め紛争が多いというご報告です。確かにそうなのですが，しかし，非常勤職員に多いというよりも有期とか臨時とか条件付き公務員について官庁側すなわち使用者側が，懸命にこれを非常勤と同じであるという枠組みに持っていって雇い止めをしたがる。非常勤と有期（臨時），条件付の採用はそれぞれ異なるカテゴリーなのに非常勤といえば有期雇い止めと直結するように聞こえたご報告は「はてな」ということです。

　清水（早稲田大学）　いろいろご教示をいただきましてありがとうございました。さて，最初のご質問ですが，報告では，戦後の憲法のもとに制定された公務員制度におきましては，公務は原則として公務員が担うという前提があったにもかかわらず，実際には，多様な民間労働者が公務の場に進出してきたことを申し上げた訳です。したがいまして，戦後の公務員制度を前提としておりましたので，戦前の実態には触れませんでした。

　それから二番目のご質問ですが，おっしゃるように省庁間の派遣もありますし，官民交流もございます。省庁間の交流は，本日のテーマが「公務員の範囲」でもありますので，除きました。また官民交流は，報告のなかでも若干触れましたように，最近，制度化されました。しかしその実態を十分把握しておりませんでしたので，詳しくは触れることはできませんでした。

　三番目のご質問ですが，報告の中では簡単に非常勤職員の勤務実態と実務上の法的取り扱いについてふれたつもりです。ご指摘のように，地方自治体では，多様な勤務形態の非常勤職員が存在しております。おっしゃるように，有期雇用が積極的に利用されており，その反復更新の結果，何年にもわたって雇用されてきたにもかかわらず，突如「雇止め」になり，法的紛争になることがございます。なかには民間の事案であったら，当然に解雇権濫用の法理によって救済されてしかるべきものもあるように思いますが，判例においては，公務員法が適用になるため雇用契約関係にないという理由で救済を受けられない場合がございます。これが紛争の大きな要因であり，度重なる訴訟提起につながっているのではないかと申し上げた次第です。

　宮島（弁護士）　おっしゃりたいことは分かりました。常勤有期という中に1日1日の日々雇用もあるわけです。川田報告でも登場する阪大の図書館事件という，常勤日々雇用がいつの間にかそれが非常勤という枠組みに入れられそうになって抵抗したが敗訴したのがその例です。地方自治法には「非常勤」という根拠条文がある（203条）わけですが，国家についてはむしろ退職不支給ぐらいしか，法律レベルでは登場しない。

● 現行公務員制度および公務員制度改革の評価

　和田（司会＝名古屋大学）　公務の概念，あるいは公務論について，清水報告と晴山報告では少し違ったとらえ方がされてお

ります。ここで，もしほかの方でこの問題について発言をされたい方がいらっしゃいましたら，時間が少しあります。手を挙げていただければ。籾井会員と菊池会員。すいませんけれど，簡単にお願い致します。

籾井常喜（東京都立大学名誉教授） 晴山さんは，自分の考えと対極にあるのは清水報告であり，それが行政法学と労働法学との方法論の違いに由来するかのような総括をされましたが，その認識は正鵠を射ていない，と思います。今や不可避的になっている行政改革なり公務員制度改革の発端と方向づけは，主権の担い手であり，行政サービスの受益者であると同時に，なによりも納税者たる国民の世論動向に規定づけられており，その国民世論の動向を直視して，改革に向けての立法構想をどう構築・提示しうるかどうか，がここで問われているのではないか。清水報告はその国民世論を直視したうえでの立法政策論上の論点を明らかにしようとした試みでした。その点，今進められている行革を評価しないという晴山さんに，これまでの行政なり公務員の在り方に全く問題が介在しないのに，それをことさらに問題にする国民世論の方が間違っている，とでも言われるのでしょうか。

和田（司会＝名古屋大学） 菊池先生のほうからご意見をお願いします。

菊池高志（西南学院大学） 私の質問はそれほど詳細なものはございません。先程晴山先生の話では，「今度の改革案はあまり評価していない」という文脈で，戦後改革の精神を持っていた従来の制度を，という話だったわけです。その点から言うと，人事院の機能が今度の制度改革議論では非常に大きな意味を持っていると思いますが，先程の労働法の方たちのご報告の中では，人事院の位置付けについて全然お触れにならなかった。労働法の方たちには今度の改革論議の中での「人事院の扱い」について，どういう位置付けをされてご報告されたかということを伺いたい。

それから晴山さんの方には，戦前の官僚制とは大きく違った，公務員を一律に捉える戦後の枠組の評価を伺いたい。戦前制度であれば雇員や傭員といった種別の人々にまで公務員という網を全面的にかぶせて取り扱ってきたわが国の公務員法制というのが，行政法の立場から見て，担っている仕事の内容との関係で妥当なものであったとお考えかどうかということです。

和田（司会＝名古屋大学） 今のおふた方からのご質問について，晴山先生のほうからお願い致します。

晴山一穂（専修大学） 簡単に言うと，労働法と行政法の違いというのは，私は必ずしも悪い意味で言ったのではありません。これまでも労働法の先生方といろいろ議論する機会があったのですが，それぞれの出自の違いといいますか発想の違いというものがあって，それはそれで私は逆に行政法だけやっていたらそういう発想にはならないであろうということをいろいろ教えられることが非常にありました。清水先生には申し訳なかったのですが，そういう意味も込めて，多少問題提起的にコメントさせていただいたわけで，決して対立的にとらえて悪い意味で言ったわけではありません。

お互いその分野だけでは分からないところを吸収しあって近付けていきたいという趣旨です。

それから行政改革に対する評価なのですが，背景に，籾井先生が言われる事情があるというはまさにその通りだと思っています。規制緩和にしても，民営化にしても，市場原理もそうなのですが，今の官僚制に対する批判というのが相当背景にあって進められている，だから国民的な支持も一定程度得ている，というのが，90年代以降の改革の流れだと思っています。現内閣の構造改革も，いろいろな議論や評価がありますけれども，やはり国民が相当数支持するという背景にもそういった面があると思っています。

ところが，今回の改革は，そういう国民的な批判にこたえて行政の体質なり官僚的な弊害を正していくという中身ではなく，表現は少しきついかもしれませんが，そういう国民の声を利用しながらそれとは反対の中身で改革をやろうとしている，と私自身は評価しています。もっとも，これに対しては，「では現状でいいのか」と必ず反論されることになるわけで，こういう議論をすると現状擁護的で非常に保守的な感じになってしまうのですが，それは本意ではなくて，そういった官僚制の改革という課題を併せて公務員制度の改革に組み込んでいかなければいけない，と思っています。それが具体的に提起できていないというのは先程も言った通りですので，先生方にいろいろ教えていただきたいと思っております。

それから菊池先生の「画一的，統一的な法体系」というのは，やはり戦前の官吏と非官吏の区別，そして官吏の中の身分的な区別に対する一つの反動として，「国に勤務する者を広く公務員と認識して，同じ法体系のもとで扱う」という理念として現れたもので，この意味で戦後民主化の反映だったろうと思っています。ただ，それが実際にうまく機能したかということになると，これはいろいろあって，清水先生の言われたような官と民の境界線になるようなところがたくさんありますし，それが増えてきているのも事実だろうと思いますので，できるだけ公務員の範囲を広げて民間と別体系にしさえすればよいと頑迷に主張しようとは思っておりません。ただ，その上でですが，日本の公共部門というのがヨーロッパ，とりわけドイツやフランスに比べて非常に狭いし，公務員の人口比も圧倒的に少ないという状況にあって，私は，公務とは何かなどいろいろな問題はありますが，公務員が公務を担っていくことの積極的な意味というのをできるだけ考えていきたいという基本的な立場にたっております。

和田（司会＝名古屋大学）　ほかに公務，あるいは公務員論についての今日の報告あるいはコメントを踏まえて皆さんのほうでどなたかご意見等をお持ちの方がいらしたら，出していただけたらと思います。もしなければ今の報告を聞きまして清水会員のほうから少しお答えを出していただきます。

清水（早稲田大学）　基本的に先程申し上げたことの繰り返しになりますが，結局公的サービスを，この間の政治の流れを見

ていると，国民としては必ずしも政府がきちんと公共サービスを管理し運営していたという認識を持てない状況にあります。各国において「ニュー・パブリック・マネジメント」という言葉がたびたび登場しますけれども，かなり普遍的に市場モデルの行政改革が進んでいると思います。

そういういわば市場モデルのとらえ方とか内容は国によって違うのだけれども，遅まきながらわが国もそういう流れの中に現在あると思います。もちろん，それは日本的ないろいろな特殊性があってそのまま「もろに」ではありませんが，そういういわば市場モデルというのを全く無視してしまうことはなかなかできないのではないか。

今日の報告は，必ずしも明確には述べませんでしたが，国際的に見るとそういう市場モデル型の行政改革が普遍的に進んでいるという事実を無視できないという認識に立ってご報告をした次第であります。そのことをご理解いただければ幸いです。

2 公務員人事制度の「民間化」とその限界

● 人事院の機能

和田（司会＝名古屋大学） 清水会員についての質疑応答を終わりにしたいと思います。続いて，川田報告に対してでありますけれども，川田報告は主に2つの点から成っています。一つは公務員制度における能力主義，成果主義の問題，それから非常勤職員の問題です。これについてもいくつか質問が出ておりますが，その前に先程の菊池会員の質問にもありましたし，島田会員のほうから人事院の機能についての話が出ております。「中央人事行政機関としての人事院の権限を縮小する方向で考えるというのかも併せてご教授ください」というのですが，この人事院の機能について，川田さんのほうからお願いします。

川田琢之（東海大学） 人事院の機能にはたくさんのものがありますので，私の報告に関連する部分に限定してお答えしたいと思います。とくに能力主義，成果主義との関係で，必ずしも具体的な制度論まで踏み込んでおりませんが，報告の中で述べた当事者の手続きに委ねてよいと考えられる部分と，そうではなくて当事者間の手続きでは処理できないで，別途の行為が必要な部分があって，後者が人事院の機能にそのまま対応してくると考えております。

要するに，手続化によって民間化を進めることが可能であるという報告の趣旨からすると，当然その部分に関する決定は勤務関係の実質的な当事者に委ねられるということです。それに対して，当事者間で処理させることができないような事柄については，恐らくこれまで通りの人事院の役割というのがあるのではないか。しかも具体的に問題になっていることがとりあえず政治的中立性の確保であるとか，国民との関係での法制化であるとか，重要度の高いものであるということを考えると，事前規制の方向か事後規制の方向かのいずれが望ましいのかという点でも，なお十分に論議すべきことがあると考えています。

● 公務員制度における能力主義，成果主義の導入

和田（司会＝名古屋大学）　もう一つの質問として島田会員のほかに大野会員から出されておりますけれども，私のほうから簡単に読み上げるということでよろしいでしょうか。島田会員のほうから「公務員制度における能力主義，成果主義的な人事管理制度を導入することに肯定的と思われるが，その前提として現状についてどのように評価されているのかをお聞かせいただければと思います」という質問です。もう少し詳しく大野会員のほうからは質問が来ています。「能力主義，成果主義の導入が一定の要件のもとに承認されています。私はそれらは現実に機能している民間の実態を見れば労働者間に差別と競争をあおる何物でもないと考えていますが，①導入要件の中で職員の関与を挙げていますが，当局と個別職員の力関係を前提としてなおかつ職員の関与は有効と考えていますか。また，なぜ関与に労組，職員組合は入ってこないのですか。②導入によって能率性，有用性を高めるのに有効と言われますが，現行では能率性，有用性がないと判断されているのでしょうか。そうであれば，それはどのように実証されているのでしょうか。

川田（東海大学）　まずお二人の質問に共通する趣旨として，能力主義・成果主義の方向で改革を進めていく前提として，現状をどのように評価しているのかということがあると思います。この点に関しては，先程の報告では，少し教科書的になっていますが，現状の評価としては，何らかの改革によって能率性を高めるような方策を立てる必要があるのではないかということです。考えられることとしては二つあると思います。一つは，現在の平成不況の時期ですと，年功制的な制度によって同年代の人にはできるだけ均等に，世代間では中高年齢の層に対して厚く配分をしていくと，一人一人に対する対応としては薄いことになってしまって，結局，多くの職員・労働者にとってはあまり大きな利点にならないではないか。あるいはその場合，将来的な行政の課題として求められる仕事の質の高度化や専門化という方向性からすると，現行の画一性の高い制度のもとでは問題が出てくるのではないかと考えています。

次に大野会員の方から，当事者間の力関係を前提としてもなおかつ職員の関与は有効なのか，それからなぜ労働組合・職員組合の関与がないかとういご質問が出ていますが，後者の点については，抗告訴訟の資格との関係で問題となるだけです。

和田（司会＝名古屋大学）　今の答えに対して，島田会員のあと大野会員のほうから少し補足してください。

島田（早稲田大学）　早稲田大学の島田でございます。川田会員のお考えは大体分かりました。ただ今回の公務員制度改革の発端になったのは，例えば地方公務員の給与が高いなどいう批判をはじめとして様々な点で現在の公務員に対する不信感というのがあったと思います。しかし，現状の公務員をめぐる問題点が果たして現在の公務員制度のどういう部分に関係があるのかが前提として明らかにされるべきであったよ

うに思います。例えば能力主義とか成果主義の導入が言われておりますが、能力主義あるいは成果主義といっても、実際には多様であり、今回の公務員制度改革のなかでは、具体的にそれらのどの部分をどういう公務員層に適応になり得るものなのかという辺りをもう少し具体的な構想との関連で、お聞かせ願ったほうが議論としては有益かという感じがしました。

　菊池先生からもご質問があったように、今回の公務員制度改革における人事院の位置づけの問題をお聞きしたのは、従来、人事院の持っていた権限を各省庁に委譲するということが今回の改革のポイントとなっていると考えたからです。人事院というのは従来公務の中立性というのを支えるものだと言われてきたと思うのですが、今後の公務員の人事管理なかでどうようにこれを位置づけるべきと川田会員がお考えなのかを語っていただけると、より議論が具体的になったのかという感じが致しました。

　そうは言いましても、私自身も確定的な考えがあるわけではありません。ただ、今回の改革案を見ていますと、例えば給別定数なども流動化すると言われていますが、従来の考え方から言えば具体的な公務としての職務があって、それに対して公務員が何人必要かというかたちで考えられてきたのだろうと思います。この考えかたがなくなるということになると、一体どのように公務員の定数を考えていくことになるのだろうかという疑問が湧いてきます。このあたりのところを議論していただければと思います。

和田（司会＝名古屋大学）　では、大野会員のほうから補足意見をお願いします。

大野義文（高知労働局）　高知労働局の大野です。能力主義と成果主義の評価については見解の相違と言ったらそれまでなのですけれども、能力主義と成果主義が能率性、有用性にどうして直に結び付くような議論になるのかと非常に疑問を持っていますので、そこら辺のところ、逆に言うと、現実においては能率性、有用性がないのかということの現状認識、どういうところからそういう判断が出てきたのかということが聞きたいと思うのです。

　私は労働基準監督官ですけれども、例えば能力主義、成果主義ということで私どもの仕事の中で申告１件すれば歩合給を出すとかいうこと、あるいは司法送致件数１件に付きいくら出すとかいうようなこと、例えば不払賃金事件を解決すればその賃金額の何パーセントを歩合給として出すとかそういうことを一つとして成果基準を出してやってきた場合に、私どもの仕事が果たして能率的に効率的になるのかという論理、そこら辺をどうお考かというのを少し聞いてみたいという気が致します。以上です。

和田（司会＝名古屋大学）　今のおふた方のご意見について、あるいは質問について何か。

川田（東海大学）　では、後の方の質問からお答えしますと、私が能力あるいは成果という言葉でイメージしているのは、今お話にあったような具体的な結果に重点を置くというよりは、むしろそこに至る過程を評価の対象にするという意味での能力

あるいは成果ということです。最終的に出てきた結果というのは、むしろ業績という概念に近い。公務員労働関係においても、業績だけに評価の基準を置き過ぎるということはあまり良くないのではないか。労働関係というのは本来労働そのものが目的であって、仕事の成果、つまり最終的な業績部分にあまり重点を置くべきではないと考えています。ですから、成果主義のイメージが大野会員と私で違ったのかなという気がします。

和田（司会＝名古屋大学）　島田会員の質問の、人事院の役割について、この間改革の検討が重ねられてきている中でもなかなか分かりづらい、例えば人事院勧告は今後どうなっていくのかとか、給与表がどういうふうに作られているのかという部分についてはよく分からないという人がいる。あと、例えば人事権者がどのくらいの権限を持ってくるのか。内閣府が人事院との関係でどういうことについて人事行政機能を持ってくるのかということを、計画の段階ではあるみたいですけれども、まだ具体的には提案されているわけではない。そういうところにつきましてはもう少し流れを見ながら、文章化するときまでに、できるだけ川田会員のほうから書いてもらうということでよろしいでしょうか。もしそれ以外に何か島田会員のほうから意見があれば、話していただけますか。

それから、川田会員に集中的に質問が来ているのですけれども、こういう質問が来ています。「公正人事管理義務の法的根拠は何になるのか。またこれを認める根拠として集団的労使関係によるコントロールの不十分さを挙げているが、それは果たして不十分なのか」というご質問です。

川田（東海大学）　「公正人事管理義務」というのは、安全配慮義務に近い概念として考えています。安全配慮義務というのは、ご承知の通り、公務員関係でも、特別な社会的接触関係に入った当事者間において、当該法律関係の付随義務として当事者の一方又は双方が相手方に対して信義則上負う義務とされていますが、公正人事管理義務というのはそれと同じようなイメージです。この場合で言えば、人事管理当局による能力や成果の評価によって処遇が大きく変わるというような勤務関係のもとでは、レジュメに書いたような内容でしっかりとした手続的規制を行うという義務が人事管理当局に発生するというイメージです。

● 非常勤・定員外職員

和田肇　どうもありがとうございました。次に、もう一つ川田報告の柱であります、非常勤職にある定員外職員の問題についてです。これについては弁護士の中島会員、同じく伊藤会員、香川大学の松尾会員、それから、高知労働局の大野会員から質問が出されております。全員のものを取り上げるのは少し難しいものですから、最初に中島会員から簡単に趣旨を説明していただきます。

中島通子（弁護士）　臨時職員、現在、把握されているだけでも、地方公務員の臨時非常勤職員の数が31万1000何百人。こういうふうに把握されております。これらの

人たちのいろんな実態が出てきているわけですが，まず任用根拠が全くまちまちです。同じ仕事をしているにもかかわらず，地公法3条3項3号であったり17条であったり22条であったり。例えば，学校給食の調理の職員であっても根拠が全く別で，あるいは根拠さえないというようなことがあって，それで処遇格差が著しいという現状があります。

第一の質問は，地公法が制定された当時想定していたものと現在の実態が著しいギャップができているのではないか。その点からの見直しはどうしてもする必要があるのではないかと思っております。その点，いかがでしょうか。もし，それが今日のご報告のように，これは清水会員のご報告だったと思いますが，民間化を進めていくということになると，これらの臨時・非常勤の人たちを民間の劣悪なパートに移行させるだけになるのではないかということを大変心配しております。そうではない方向での，法と現実のギャップをどのように改善すべきか。それについてのご見解を伺いたい。

二番目に処遇格差。処遇均衡の問題というのが送られたレジュメに載っていましたので，それを伺いたくて，今日ここに参りました。ところが，それが今日のレジュメからは省かれておりましたので大変がっかり致しました。2000年の学会誌の川田会員の論文を拝見して，ここからどのぐらい前進していらっしゃるのだろうかと期待してやってきました。この点について，時間の関係で割愛ということでしたけれども，少しでもいいですからお話しいただきたい。

特に，今，非常勤に対しては地方自治法の203条と204条で「手当てを払えない」となっている。これとの関係でものすごい差ができているわけです。これだけではなくて，いろんな問題があるのですけれども，著しい格差が出ている。この均衡処遇をどういうふうにお考えになるか。これが第二点です。

第三点目としては，育児休業法の問題です。この公務職場の臨職，非常勤問題が非常に不合理な格差があるということを象徴しているのが育児介護休業法の適用除外です。公務職場の特別職非常勤の人たちには，まず地方公務員の育児休業法は適用除外として法律で明記されています。一方，民間の育児介護休業法は，公務員は適用除外となっております。つまり，二つの法律から適用除外されて法の谷間に置かれているわけです。

ところが，この人たちは雇用保険料を払っているわけです。毎月，毎月，安い給料の中から払っていて，それが正社員の人たちの育児介護休業給付金になっているわけですが，そのお金を払っているにもかかわらず，一切，育児介護休業法が適用されないで雇い止めになっているわけです。これは，不合理性の象徴であると思うのですが，これらについてどのようにお考えでしょうか。

和田（司会＝名古屋大学）　今，質問を三つ出していただきました。もうひと方，私のほうから勝手に選ばしていただいて悪いのですが，松尾会員にもこの恒常的職務

への任期付き任用の話を少しお願いします。

松尾邦之（香川大学） 香川大学の松尾と申します。質問は簡単なものですが，恒常的職務の任期付き任用について，かなり限定的に裁判等実務の扱いとは違ったものを要件として示されまして，それは私としては非常に良いと思っているのです。ただ，実際には川田会員がおっしゃったような限定はされておりませんから，相当乱暴な使われ方をしていると思います。それは当然ご承知だと思うのですが，任用の合理性については先程申された内容で良いというお考えか確認したかっただけです。

もう一つは，仮にそれが許されない任用だとすると，初めから違法な任用をしているわけです。しかし，違法な任用は取り消すということになって任用は継続できません。そうすると，どういう対応を取るのか。本人はやはり雇用の継続を，任用の継続を望んでいるわけですから，単に国家賠償で済む問題では解決できない。この点をどういうふうにお考えなのかお聞きしたい。私が普段考えている問題ですので，同志を得たという感じで質問をしました。

和田（司会＝名古屋大学） かなり具体的な問題になってきますが，川田会員は非常勤とか定員外職員の専門の研究者ですから，そういうことも踏まえて先程の質問にお答えいただければと思います。

川田（東海大学） まず，中島会員の質問のうち，一番目はどちらかというと清水会員への質問かと思います。したがって，二番目と三番目の質問ついてお答えいたします。二番目の質問に関しては，処遇や取扱の均衡を人事管理当局側の義務として肯定するということを以前の学会でも提起したわけです。その後，どうなったかというと，私の研究よりも世の中の動きのほうが速く進んでいる程だと思います。というのは，その間，民間部門に関してパート研究会の報告が出るなど，むしろ労働法上の取り組みとして，定期・不定期職員間の処遇の均衡を図るための具体的な方法の構築やルール化の動きが出てきていると思います。枠組みは当然難しいのですが，その具体的な内容というのは，むしろ民間部門の労働法の動きの方が進んできているのかなと思っております。

三番目の民間部門の労働者と公務員の正規職員の間の谷間に定期職員が入ってしまうという問題ですが，今日の報告との関係で言えば，具体的な結論として挙げた，常勤身分での短時間勤務，あるいは民間と差のない非常勤という形態を制度的に認めることがまず対応になるかと思います。非常勤の場合，いくつかの法令との関係があるわけで，非常勤職員の適用除外の根拠には，勤続期間の問題があります。ですから，そういうものについては，少なくとも私の報告での，今挙げたような制度を作るということが一連の対応になると考えています。

次に，松尾会員のご質問にお答えします。まず，任用行為が違法になった場合に，単に全面的に無効になるのか，あるいは，それ以外にどういうかたちがあるのかということですが，いくつかパターンがあり得るのではないかと思います。特に，民間と差のない非常勤職員として任用するための手

続きを経て任用し，任期を定めたことが違法であったとしても，その任用行為全体を違法にするというのはどうも現実的ではないと思います。ただ逆に，そういう場合に常に民間と差のない任用になるのかというと，その点はけっこう微妙な問題だと思います。私の考えでは，そういう場面でも定数の限界という側面は無視しきれないと思っています。

和田（司会＝名古屋大学） 清水会員，いかがでしょうか。

清水（早稲田大学） 中島会員のご指摘はもっともでして，要するに非公務員化したとしても，今の民間のパート労働者と同じことになってしまうだけではないかというご指摘だと思います。確かにそういう側面もないわけではないですが，私自身はこう考えて問題を提起したわけです。すなわち，現在の非常勤職員というかたちを取る限り，基本的に公務員法上の職員団体を結成して勤務条件の引き上げを図らざるを得ないわけです。ところが，最近の訴訟を見ていますと，非常勤職員が一般の労働組合に結集している例が出てきておりまして，今後この傾向が強まるのではないかと推測しております。これを踏まえて，非常勤職員を非公務員化し，一般労働組合の結成，参加そして当局との団体交渉を可能にすることは，処遇改善につながる可能性があると思います。と申しますのは，このような団体交渉において，当局には今まで以上に，「模範的使用者」として振舞わねばならない圧力が加わると思うからです。

それにもかかわらず，処遇改善につながらないとすれば，新たな法制度を考慮しなければならないと思います。たとえば，ILO 94号条約のように，広い意味の公務に従事している労働者に対して，一定の地域において同一ないし同等の業務に従事している労働者に支払われている賃金またはその他の労働条件を保障するような制度です。このような制度を将来的には考慮すべきですが，当面は，非常勤職員が労働基本権を行使して主体的に処遇改善を図る筋道を確立することが重要な課題だと思います。

和田（司会＝名古屋大学） よろしいでしょうか。少し関連しているかもしれませんけれども，前田会員から出ている観点を，少し説明をお願いします。

前田（金沢大学） 金沢大学の前田です。川田報告の非正規職員という所で，常勤任期付き職員と非常勤職員とをいわば同列に置いて分析している所ですけれども，少し違うのではないかと思います。非常勤職員の問題というのは，非常勤の中には時間講師とか学校医というふうに文字通りの非常勤もいれば，ここに引用されていますように，大阪大学事件の大学の図書館の職員，あるいは大学病院の医員，研修医というふうに常勤的な非常勤職員もいるわけです。こういう問題が発生する背景事情としては，常勤職員数の上限を決めている定員法，あるいは定数条例というものの縛りというものがあるわけです。常勤任期付き職員の場合だと，定員か定数の中に入っているわけであって，これは何の問題もない。そういう意味では問題はないわけです。

ここで，常勤任期付きの職員についてい

ろいろ述べられているけれども，非常勤職員の問題については，それほど述べられていないと思うのです。もしも，常勤的な非常勤職員を活用し，制度化していくというふうになっていくとしますと，それは定員法とか定数条例だけに抵触するのではないかという問題が起こるので，その辺の問題はどういうふうに調整してお考えかということです。

川田（東海大学）　私の考え方は，現行の定数条例あるいは定員法を前提にすると，非常勤職員が常勤的に働いていたとしても，現行法あるいは条例に違反することにはならないということです。問題の解決としてはむしろ，将来的には，常勤・非常勤関係なく換算して定数を規定するとか，何か別の定員制度の在り方を考えていくべきではないかと考えています。

大野（高知労働局）　ちょっとすみません，私の質問で少しお聞きしたいのです。よろしいですか。時間との関係で，申し訳ございません。高知労働局の大野ですが，書かせてもらったことは，現状認識です。現実に労働局ではいわゆる非正規と言われる職員が活用されているわけです。それが，決して補助的な業務ではなくて，本来的な業務をやっていて，そういう方々がいないと業務が回らない実態があるのですが，その実態をどう評価しているか。それをちょっとお聞きしたい。いろんな制度的な枠組みの設定等，いろんなことを作られて非正規職員の活用を図ると言われても，現実に活用されている非正規職員の実態評価をどういうふうにいったい認識されているのか。少しお聞きしないと，私的には話がむなしく感じるので，その点をお話ししていただけたら幸いだと思います。以上です。

川田（東海大学）　実態評価というのはどういう点でしょうか。要するに，職処遇の格差の問題であるとか，あるいは何かほかの問題。

大野（高知労働局）　全体を含めて，そういう実態があるのを法的にでも結構ですし，事実認識でも結構ですけれども，どのようにお考えになられるのか。肯定的に考えられるのか，否定的に考えられるのか。否定的であれば，どういう理由付けで否定的に考えられるのか。肯定的であれば，どういう理由付けで肯定的に考えられるのか。それを少しお聞きしたいと思っています。

川田（東海大学）　一面的な答えになるかもしれませんが，少なくとも処遇格差での問題に関して言えば，法制度上の常勤職員と非常勤職員の取扱の違いというのが，勤務の実態以上に大きなものになっているという点で，問題があるという認識は持っています。

● 契約の更新

和田（司会＝名古屋大学）　よろしいでしょうか。契約の更新の点につきまして，宮島会員と伊藤会員から出ています。伊藤会員からご質問を少し一般化した形で説明をお願いします。

伊藤幹郎（弁護士）　貴重な時間，申し訳ありません。私は33年間弁護士をやっているわけですが，ほとんど民間の事件で，公務員の事件をやったのは税関の賃金差別

ぐらいです。実は、4年ほど前に郵便局のパートのおばさんたちで、8年から14年働いていた人達が、まさにごみくずのように捨てられたわけです。私はその翌年、相談を受けて、どうしても裁判をやりたいと言うので引き受けて判例を調べてみました。弁護士30年目にして初めて調べたのですが、パートの公務員は全くと言っていいほど無権利状態ということが分かったわけです。30年もたって初めてそういうことが分かったということは恥ずかしいことなのですが、それで、私は日本労働弁護団の総会にこの問題を提起して、労働弁護団で何とか裁判闘争を一つでも二つでもいいから勝とうではないかという提起をし、それでどうしても裁判所で勝てなければ、これはもう立法による解決しかないだろうということを提起して、現在弁護団で特別チームを作ってもらって活動を始めているのです。

なぜ、こういう質問をしたかといいますと、私たち弁護士に裁判所を説得してもらえる理論を、ぜひ、ここにお集まりの方々に提起してほしいということで、あえて質問したわけです。あえて質問した内容は、先程も言いましたように、更新に更新を重ねてきたそういうパートの非常勤の人たちですが、川田報告者の話によると、私がこれを誤解したのかもしれませんが、そういう場合は期間の定めのない非常勤になって、そうなると、分限免職手続きで保護されるみたいに説明されたように聞きとれましたので、まず、それで良いのかどうか確かめたかったのです。もし、そういう学説だとすれば、私はあまり聞いたことがないのですが、それなりに使える説なのかなと思いまして、質問させていただいた次第です。

繰り返しますけれども、とにかく、パート非常勤公務員の現在置かれている立場というのは、憲法14条に違反しますし、同じ公務員でありながら、これだけの格差があるというのは、国公法28条の平等取り扱いの原則に反します。これは、放置しておいたら、私はおおげさに言いますと、日本労働法学会の恥ではないかと思っておりますので、ぜひとも、ひとつお知恵をお借りしたいと思っています。どうぞ、よろしくお願いします。

川田（東海大学）　ご期待に沿えるお答えではないと思いますが、私の報告の趣旨は、本来民間と差のない任用をすべきであるから、勤務関係の解消は分限手続きによるべきであるということです。それにもかかわらず、期間の定めのある任用をしてしまった場合については、先程のお答えと結局同じことになるわけで、けっこう微妙な問題ではありますが、期間の満了で任用をしないということについて、勤務関係が継続していくと解することは、やはり難しいのではないか。その結果、救済としては、違法解雇に対する損害賠償に通じるようなかたちにならざるを得ないのではないかと考えております。

3　行政機関の多様化と労働条件決定システム——独立行政法人を素材にして

和田（司会＝名古屋大学）　次に渡辺報告に移りたいと思います。まず、盛会員から質問が出ております。盛会員、趣旨を説

明していただけますか。

● 独立行政法人と交渉の可能性

盛誠吾（一橋大学）　私の質問の趣旨は，法人化によって，特定行政法人の場合には国営企業と同じような交渉システムの下に置かれて，非特定の独立行政法人の場合には完全に労働組合法の下に置かれることになるわけですが，果たして，それによって現実にどれだけ実質的な交渉が可能になるのかということです。

ご報告ではもっぱら法人化の前後でどうなるかということを取り上げられましたけれども，法人化後については，通則法の57条3項で，特定独立行政法人の場合には長の定める給与に関する基準は，「一般職の職員の給与に関する法律の適用を受ける国家公務員の給与を考慮する」ということが明示されています。つまり，いわゆる公務員準拠ということですが，果たして，それが独法化後の団体交渉の内容まで規律することになって，公務員準拠という前提でしか交渉ができないのかどうかです。もしそうだとすると，独法化して団体交渉が自由になるといっても，ほとんど意味がないということにもなりかねません。

それから，非特定の独立行政法人の場合は，通則法63条3項で，給与や退職金は「当該独立行政法人の業務実績を考慮し，かつ，社会一般の情勢に適合したものとなるように定められなければならない」ということですので，ある程度緩やかな感じはします。ところが，非特定の独立行政法人の場合にも，給与見積りは中期計画の記載事項とされますし，先行独立行政法人では，非公務員型の場合にも，前年度の賃金総額に定数を掛けて人件費を算出し，さらに1パーセントの節約というものを差し引いて運営費交付金を決定しているわけです。

そういうことを前提といたしますと，法人化によって原則そのものは緩やかになるとしても，結局は運営費交付金に占める賃金総額の中でしか交渉ができず，せいぜい配分交渉にしかならないのではないでしょうか。あるいは，賃金交渉の結果，運営費交付金の中で人件費に回す部分を増やした場合に，翌年の運営費交付金の算定基礎となる人件費部分が削られないとも限りません。そういう意味で，団体交渉のシステムが導入されるとしても，実際の団体交渉がどのようなものになるのか，その点のご認識をうかがいたいと思います。

それと，レジュメの最後の「まとめに代えて」という所で，団体交渉の意味について，「当局の権限行使に対するチェック機能」とあります。これは痛烈な皮肉かとも思いましたが，実質的な労働条件交渉ができなくても，当局の権限行使に対するチェックができれば，それで十分に団体交渉権保障の意味があるというようなおつもりでこれを書かれたのかどうか，そのへんの真意をお聞かせ下さい。

渡辺賢（帝塚山大学）　今のご質問は二つに分けることができるかと思います。まず第一に，独法化により交渉の現実が変わるのかということですが，実際どうなるか分かりませんけれども，私自身は変わってくる可能性があるだろうと考えています。

まず，一つ事実を申し上げますと，一例だけですけれども，産業技術総合研究所が独法化をするときに，現在の公務員法の給与体系を採用しないで，いわば大綱化されたあとに採用されるであろうような給与基準を採用しているのです。つまり，従来の公務員法上の給与システムがそのまま独法化後にも採用されるわけではない。これは事実としてということです。それがいいか悪いかということではありません。次に通則法の規定をみますと，57条3項で，「前項の給与の支給の基準は一般職の職員の給与に関する法律の適用を受ける国家公務員の給与以外にも，民間企業の従業員の給与，特定独法の業務の実績及び中期計画の30条2項3号の人件費の見積もり，その他の事情を考慮して定めなければならない」となっているわけです。確かに第1順位の義務的な考慮事項としては，国家公務員準拠というのがありますから，国家公務員準拠の原則であることは間違いないのですけれども，その他の考慮事項もまた義務的であるということで，必ず国家公務員準拠にならなければいけないという話にはならない。また，この条文の最後に，「その他の事情を考慮する」という所がございますけれども，その他の事情というのがある意味では何でも入り得るわけです。ここで「その他の事情」というのは例えば類似の業務を行う特殊法人の給与なんかを考えているようですけれども，それには限りません。要するに，国家公務員準拠だからといっても，それはあくまでも考慮事項にすぎない。あとは，通則法の定めた枠の中での当事者間の力関係次第ということで，この力関係をどう見るかということについては，私は分かりません。

第二に，現実の交渉はおそらく配分交渉にしかならないのではないかというご指摘ですけれども，二つの点を申し上げたいと思います。一つは，確かに配分交渉が主ということになるとは思いますけれども，配分基準に関する交渉はやはり重要なものだと思います。もう一つ，そもそも人件費の総枠に関しては，当然，主務大臣と財務大臣とが予算折衝で決めることになろうかと思います。交渉主体性が主務大臣に認められるかどうかという問題がありますけれども，人件費にかかわり合う限りでは，もし主務大臣が交渉対象になるのであれば，それとの関係で交渉をすればよいと考えております。

最後の「憲法28条をどう思いますか」という所でございますが，私も私企業労働者と同じく，公務員の場合にも合意形成の余地はあるとは思います。しかし，勤務条件決定システムのうち多くの部分は当局が権限を持っている。その権限をどのようにチェックするのかということに，交渉の意義があるだろう。あるいは，その意義をもう少し，憲法28条との関係で位置付けて強化するべきではないかという問題意識があります。この権限の行使を，交渉手続を通してチェックするという発想で，報告中で申し上げたようないい方になったわけです。

● 主務大臣の使用者性と交渉の当事者

和田（司会＝名古屋大学）　盛会員，よ

ろしいでしょうか。あと，もう一点について説明をお願いします。

盛（一橋大学） 今の最後のお答えと関係するのですけれども，レジュメの5ページにある「非特定独法は交渉次第，事項，内容等についてあらかじめ立法的解決をしておく必要があろう」という点は，ご報告では省かれたようですが，非特定独立行政法人の場合には完全に労働組合法の適用下に置かれるわけですので，この立法的な解決というのはどういう内容のものをお考えになっておられるのでしょうか。

渡辺（帝塚山大学） 島田会員からも，私が報告中で時間の関係上省略した「交渉過程における不利益救済」の部分について，ご質問いただいています。非現業公務員の場合には，言うまでもないことですけれども，団体交渉のプロセスで不利益を被っても，これに対しては損害賠償請求という救済手段しかないわけです。私は，これでは救済として不十分であると考えておりまして，公務員法の今後の制度改革の際にはこういった視点からの制度の見直しも必要ではないかということが一つです。

もう一つは，独法移行のプロセスの中で非現業公務員たる職員団体と当局との交渉に関して不当労働行為があった場合，例えば，適法な交渉申し入れがなされたにもかかわらず交渉が拒否された場合に，独法化をしたあとに，不当労働行為救済を求めることができるかというような問題があろうかと思います。

それから，非特定独法との関係では，私自身は報告の中では，主務大臣の使用者性というのは，解釈論として肯定できるのではないかと申し上げましたけれども，これは，実際にはなかなか難しい部分があると，率直にいって，考えております。しかし，主務大臣が定める中期目標の中で，労働条件に関係することが定められる可能性は排除できないということがあり，そこで定められてしまうといかんともし難いという状況が発生します。従って，主務大臣が交渉対象となる使用者であるということを立法の中で明記すべきであると考えております。

さらに，非特定独法に限らず，設立委員会がどんな権限を持っているのかが分かりません。つまり，設立委員会が交渉の相手方として出てきたときに，果たしてどの程度の判断権限を持って出てこれるのか。あるいはそもそも出てこれるのかという問題があると思います。

加えて，中期計画の中でいったい労働条件についてどの程度具体的なところまで定められるかについてもはっきりしていない部分があります。このようにみてまいりますと，交渉主体・内容などについて，それとして立法的解決をしておかないといけないだろう。総じていえば，通則法を見ると，労使関係という観点を必ずしも考慮しておらず，他方，国独労法は独法の労使関係の特性をじゅうぶん処理しきれるようなシステムになっていない。そうすると，特別法の中で，交渉主体などについて，これから問題が起きないようにあらかじめ立法的解決を主張する必要があろうという認識でございます。

盛（一橋大学） 確認の意味でご質問

シンポジウムの記録

いたします。主務大臣が交渉の当事者となる場合の組合側の組織というのは，どの組織になるのでしょうか。個々の独法の職員で組織された組合なのか，それともその全国的組織なのかです。それから，設立委員会のことが出ましたけれども，国立大学法人についていうと，これは全く形式的なもので，おそらくは大学ごとに作られて，大学法人が設立される再来年の3月末に全国一斉に委員会を開催して，そのまま大学法人に移行するという予定になっていると聞きました。私自身は，法人化の移行過程で交渉の当事者になるのは，もっぱら法人設立のための形式的な組織である設立委員会ではなく，法人化の前後で実質的な一体性を保持する大学そのものだと考えているのですが。

和田（司会＝名古屋大学）　設立委員会の話についてですが，国立大学の場合には，早ければ来年の6月か7月ぐらいにできるという話を聞いています。それでも当事者能力というのは持たないのでしょうか。これは，むしろ私が盛先生にお聞きしたいのです。通則法に設立委員会の任務が書いてあります。ところがそれ以外に，事実上大学が人事労務や財務を検討していますからそこと交渉するのですけれども，それはあくまで事実的な交渉で，法的な交渉主体は設立委員会でしかあり得ないと思っているのですけれども，そうなのでしょうか。

盛（一橋大学）　あまり形式的な交渉当事者のことを論じても意味がないかもしれませんが，私としては，設立委員の任務はもっぱら法人の設立準備であって，法人化後の人事制度や労働条件についての決定権限まではないと思います。そもそも法人化以前の段階では大学や学長にもそのような権限はないわけですから，国立大学法人設立に先立つ交渉は，あくまで事実上のものとならざるをえないでしょう。そうだとすると，実際に法人化後の規則作成などの具体的作業をするのはそれぞれの大学ですから，やはり大学が交渉当事者となると考えてよいのではないでしょうか。

和田（司会＝名古屋大学）　今，非特定の話になっておりますけれども，特定独立行政法人の団体交渉の仕組み等々についてご意見あるいはご質問がありましたら，出していただければと思います。もしなければ次の質問で，平川会員のほうから，渡辺報告の中で集団交渉という言葉を使って，ことわりを入れたのですけれども少し紛らわしかったかもしれません。ご質問のご趣旨をお願いします。

● 集団交渉の意味

平川亮一（名城大学）　大して深い意味はないのですけれども，わざわざ集団交渉などという言葉を，団体交渉という語ではなくもう少し意味があるのだろうと思ってそれで，何か後程そういう続きがあると思ったら今のところないということしかなかったわけです。私などは，団体交渉というと，初期の労働運動の中で使うような言葉だと思っているので，職員団体でありながらそれを集団交渉というかたちではえらい消極的だと思っているから少しご説明をお願いします。

渡辺（帝塚山大学）　平川会員のご指摘のとおりと思いますが、他に適切な言葉も見つからず、結局報告の中では集団交渉という言葉を使いながら説明をしたのです。意図としては結局、事実として行われている交渉一般をどういうふうに表現するかということですが、誤解を招くというか、ミスリーディングな表現であるということは、指摘を受けたその通りです。

　平川（名城大学）　公務員関係の労働組合における団交というかたちで積極的に使ったらまずいのですか。

　渡辺（帝塚山大学）　積極的な意味でですか。

　平川（名城大学）　はい。集団交渉などという言葉で表現しなくて、本来は団交権があったのです。それを法律で制限させたからだと思うのです。それを説得していて、公務員労働組合におけるというような長ったらしい言葉ではなくて、適当な言葉を使って、交渉ということが出来ないのですか。

　中嶋士元也（司会＝上智大学）　司会を少しの間代わります。宮島会員、渡辺報告に対する質問についてご説明いただけませんでしょうか。

● **独立行政法人化後の現業と非現業**

　宮島（弁護士）　国家公務員である特定独立行政法人・国有林野・郵政公社の職場ないし職員に関して、特にこれと対比可能な地方公務員である地公企法・地公労法の適用の職場ないし職員に関して、その制度と運用のお話があまりうかがえませんでした。この中の制度上については、「3公社5現業」時代以来（1952年〜）彼等に対する政治活動制限は、国家公務員である「特定独立行政法人等」に該当する職場の職員にありました（同法37条1項）が地公労法上はないという差の根拠は何か（同法17条2項、地公法36条）。ただ同制度の運用上については、国家と地方の公務員職場に、制限の方向で大差がないように思えます。これらの点につき、ご教示いただきたく思います。

　渡辺（帝塚山大学）　確かに、現業公務員も含めて、交渉の実際などを調査して分析すべきということは、宮島会員がご指摘のとおりですので、これからの課題ということにさせていただきたいと思います。

　和田（司会＝名古屋大学）　先程、質問があった話ですけれども、非常に制度が複雑になっておりまして、もう現業とか非現業という言葉が使えなくなるのです。といいますのは、現業は林野しか残りません。造幣と印刷は独立行政法人になります。それから、日本郵政公社が来年の4月1日からできます。そうしますと、来年の4月からは国独労法ではなくて、特定独立行政法人等の労働関係に関する法律というかたちになります。そうしますと、独立行政法人は公務員型と非公務員型が分かれます。特定と非特定が分かれます。従来は非特定はほとんどなかったのですけれども、国立大学は非特定に入ると言われておりますし、特殊法人等々が独立行政法人になりますと、恐らく非特定に入ってくる。そうしますと、この独立行政法人の分野は非常に大きく肥

大化していって，従来の非現業の分野とほとんど同じぐらいになるかもしれない。国家公務員の分野については，少なくても現業とか非現業という分類は，これからは恐らくできなくなってくる。昔のような話ではできなくなってくるということです。

宮島会員の二番目の質問で議事録の公開の話が出て参りますけれども，この点について少し説明していただけますか。

● 議事録の公開について

宮島（弁護士）　渡辺報告では，「整備された議事録の連絡・周知」という所までご説明がありましたが，周知は公開または開示を含みますか。含むとすると，それは法律的には国家レベルは独法情報公開法，地方レベルについては，それぞれの似たような条例に関係する筈で，この点さらなる御教示をいただきたい。

4　公務員労働団体の代表法理
　　　——公務員の労働条件決定システム

和田（司会＝名古屋大学）　最初に渡辺さんに答えていただいて，そのあとに道幸会員からもお願いします。

渡辺（帝塚山大学）　情報公開法によると，行政機関の保有する行政文書に該当すれば，あとは非開示要件に当たらなければ公開の対象になるわけでございます。そうすると，例外としての非公開のどれかに当たるかということになりますが，該当しそうな条文というのはなさそうに，私には思えました。

道幸哲也（北海道大学）　私は札幌市の情報公開の委員をやっておりまして，実際，この点が問題になったことがあります。これは，交通局の交渉ですけれども，その時には，こういう労使双方が決めたことの議事録確認のレベルではなくて，当局が作ったメモを公開しているわけです。ということが問題になりまして，そういう意味では公文書かどうかということが問題になって，札幌市では公文書だと認めて公開させた例があります。そういう意味では，議事録確認以前の文書で残された場合にどうかというのは，まさに問題ではないかと思います。

宮島（弁護士）　どのぐらい経過してから公開にするか。というのは，申し出後も半年も，いや1年もかかってよいのですか。

道幸（北海道大学）　それは，われわれは審査会ですから，現場では公開していないことの，今行政不服審査で公開を命じたということです。われわれが命じたのは，やはり当初問題になってから1年ぐらいたってからと思います。

和田（司会＝名古屋大学）　渡辺報告について，ほかに皆様から何かご質問等がございますでしょうか。もし，なければ，次に道幸報告に対しての質問に移りたいと思います。まず，中窪会員から二点，質問があります。よろしくお願いします。

● 公務員勤務関係の特質

中窪裕也（千葉大学）　千葉大学の中窪です。道幸報告への質問の第一は，レジュメの7ページの一番上，公務員勤務関係が三点において特徴があり，労使自治のあり

方が制約される，とされているところです。「採用のあり方」と「職務命令の拘束力」は分かりやすいのですが，最後の「労働条件の統一性」というのは，どこまで公務員に特有の問題なのだろうかという気がいたします。逆にいえば，公務員の場合には，やはり勤務条件法定主義というものが基本にあり，条件の統一性はむしろその反映に過ぎないのではないか。これについて渡辺報告で，法律による決定といっても5つの異なるレベルがあるという分析がなされたわけですが，とにかく勤務条件法定主義こそが公務員の勤務関係における最も特徴的な点であり，公務員労働団体の代表法理を考えるうえでも避けて通れないファクターであろうと思ったので，それがどうして出てこないのだろうか，という素朴な質問です。

第二の質問は，同じページの一番下の所に「協定に効力がなければ，団交は意見表明の機会にすぎないので，代表制を論ずる意味なし」と書かれている点です。道幸報告の基本スタンスは，従来の判例等のように憲法28条を共同決定原則的に理解するのは疑問ということだったように思います。ところが，そこの部分では，まさに従来的な議論と同じような発想になっている気がして，若干違和感がありました。労働組合の代表性をもう少し柔軟に考えてみようという観点から，たとえば渡辺報告では，公務員団体交渉の機能として，当局の権限行使に対するチェックという点を指摘されたのではないでしょうか。また清水報告や川田報告でもありましたように，常勤で正規でフルタイムという伝統的な像にあてはまらないような公務員が増え，種類も豊富になっているわけですから，それに応じて，むしろ代表のあり方も多様化，相対化する方向に進むというほうが自然に思われます。そういう中で，あえてあのような言明をされた趣旨について，一言お伺いしたいということです。

道幸（北海道大学） 二番目の点はおっしゃる通りだと思います。そういう意味ではちょっと，そこの部分は矛盾したことを言っているなということで，論文を書くときには直しておきます。一番目は，確かにその部分はおっしゃる通りです。ただ，ここで想定しているのは，むしろ労働条件統一性といっても，労使自治との関係で，いわば複数組合主義的な，つまり労使自治というのは法定で定められた範囲の労使自治が機能するフィールドのレベルで労働条件の統一性。そういう意味では三番目の代表制との関係で主に考えているもので，そういう意味では，勤務関係全体の中での位置というのは一と二と違うなというふうに，その点もご指摘の通りだと思います。

和田（司会＝名古屋大学） 公務員の形態が多様化しているときには，雇用形態の多様性というのは，どういうふうになってくるのでしょう？

道幸（北海道大学） もっと具体的に言ってくれたほうが分かりますけれども。

和田（司会＝名古屋大学） 恐らく，質問のところに正規職員以外にさまざまな雇用形態の人たちが入ってくるという話が出てきますね。それは，清水報告でも川田報

告でもそういう流れがある程度あるということを前提に，それをどういうふうに使うかという話になっていたのです。もし，そうだとしますと，多様化に対応して，どういうふうな代表の多様化ができるのか。

道幸（北海道大学）　これは，最初お話しした通り，いわばもう非現業・現業なくと言われましたけれども，非現業の公務員を前提として，そういう意味では多様化というよりは，いわば公勤務をする，もっと言うと，ノンエリートというか，労働者層を前提として。そういう意味では，ある特定のグループを想定しているシステムですから，多様化という問題はここでは考えていません。それは，また別に議論しなくては駄目だと考えております。

● 紛争処理システムについて

和田（司会＝名古屋大学）　ほかに，島田会員から「紛争処理システムについては取り上げないということでしたが，もし，多少なりともお考えがあればお聞かせください。併せて職員団体のほうも，登録制度についても検討されていれば，ご教示ください」という質問があります。これについて，いかがでしょう島田会員，補足がありましたらよろしくお願いします。

島田（早稲田大学）　最初に答えたくないと言われると困るので。紛争処理システムについてはご報告で取り上げないということでしたが，道幸先生も労働委員会の経験が長いですから，例えば，差し当たり考えられることとして，労働委員会から公務労働法を設けるということです。そのぐらいのことは道幸先生も多分念頭には浮かんだのだろうと思うのですが，あえて今回取り上げなかったという場合には，何かやはり，なかなかそうはいかないぞというような問題点があるのか。というようなところがあれば，お聞かせ願いたいというのが一つです。

もう一つは，団交システムに注目をしているということで，私も大変賛成ですけれども，その場合の職員団体に対するさまざまな規制といいますか，例えば，果たして現行の登録制度とか，あるいは組合員の範囲の問題とか，そこら辺についてはもう少し手を着けないとならないのではないか。国家公務員はともかく，特に地方公務員の組合については，そもそもの下入れの確率の問題もあるので，かつ，不当労働行為制度の適用がないというのがあるので，支配介入とか，こういう問題がないというのがかなり大きな問題ではないかという気がしますので，そこら辺を併せて，もし多少なりとも見取り図をお話しいただければと思いました。

道幸（北海道大学）　これも職員団体の登録等は今のところ，こうだと考えておりませんし，そこまでは考えていないのです。ただ，紛争処理システムとしては，やはり労働委員会的なものが必要だと。特に，団交紛争の場合は，いわば裁判所的なのはあまり適切ではありませんし，恐らく，公務員関係の団交紛争の場合は，そういう団交ルールの問題と，最終的には労働委員会で言うと，組織がそういう斡旋的な機能を持つ必要があるのではないか。そういう意味

では独自の機関は必要だと考えています。ただ、現行の労働委員会がこういうのに適するかどうかというのは、もう少し検討する問題があると考えています。

● 交渉構造と代表制

和田（司会＝名古屋大学） よろしいですか。次に香川大学の松尾会員から代表制について質問が出ておりますけれども、読み上げます。「排他的交渉代表制はILO87号条約に示されています結社の自由原則に反するものも考えられますが、この点についてはどのような見解をお持ちですか。このためもあって、アメリカはILO87号条約を批准できない点があると理解されています」。二番目の質問が、「私見ではヨーロッパの国々のように協約拡張制度により、また一定条件での除外によって、処理するほうが適切ではないかと考えます」。これは意見と質問が一緒になったようなものです。すみません、これについてのコメントも含めてよろしくお願いします。

道幸（北海道大学） その排他的交渉代表制が結社の自由原則に反するかどうかというのは、私はどちらかといえば、交渉代表制というのは、団交権に対する侵害にはなりますけれど、組織の自由選択とか、そういうことでILO87号条約違反の側面があるというのは、ちょっと理解できないのです。むしろ、その部分は後から少しお聞かせください。

二番目のいわゆる協約の拡張適用的な処理で統治的な労働条件の確保というアイデアもありますけれども、私はむしろ現行制度では、団交レベルで処理したほうがよいのではないか。団交レベルで処理するというのは、むしろ労働組合、この場合は公務員集団の意向を団交主体の選択も含んで団交過程にどう反映させるか。そういうかたちで関与させたほうがより民主的な運営ができるのではないかということ。

もう一つは、協約で考えるということになりますと、協約が締結されていない領域については、これ、ほとんどコントロールが及ばないことになりますから。むしろ、協約まで行かないけれども、いろんなかたちで関与するという側面を重視するということになれば、団交に着目したほうが少なくとも現時点ではいいのではないか。ある程度、労使関係が成熟したあとは、違うふうに考えるということは考えられますけれども、現時点ではそう思っています。

和田（司会＝名古屋大学） 今の点について、松尾会員から何かご意見とかありましたら、どうぞ。

松尾（香川大学） ILO87号条約に違反するのではないかというのは、組織選択の自由があり、選択した組織にどういう活動をさせるかということについては、個人といいますか、労働組合員自身に任されているわけです労働者が選んだ代表者と交渉しないということになりますと、結社権に対する侵害になる。広い意味でとらえるとそういう可能性が出てくるということです。アメリカの制度と全く同じでない、いろんな工夫ができるかもしれませんが、一定の要件を満たしてない労働団体を公務員が作っても交渉しないということになりますと、

87号条約に違反するというのがILOの一般的な理解ではないかと,私は理解しています。

それから,後者については意見です。ただ,道幸会員がおっしゃったのは,協約によって画一的な決定をしなきゃいけないということでしたので,その側面だけで言えば,合意に至ったものについては拡張適用という方向で可能ではないかと考えました。私は,どんな小さい組織とも交渉すべき義務があるという前提に立っていますので,公正代表という考え方をとらずに処理すべきだという考え方になります。ここは対立していますので,特にお答えがなくても結構です。

道幸（北海道大学） 一つだけ。ILO87号条約というのは,例えば,団交権を認めた国はたくさんあるわけです。団交権を認めない国というのは87号条約に違反なのですか。

松尾（香川大学） 交渉の自由を認めない。つまり,98号のように,一定の保護を与えなきゃいけないとか,団交促進をしなきゃいけないという側面では一定の制度を設けないということはできると思いますけれども,要するに存在として,つまり交渉の相手方として存在しないというようなかたちでは結社権に対する侵害になると。そういうふうに考えています。

毛塚勝利（専修大学） 道幸会員から従業員代表的な枠組での公務員労使関係の再構成の話が出ましたが,私も公務員制度の労使関係の在り方については,同じような構想を持っております。ただ,アメリカ型の交渉単位制に引きつけた議論には,個人的には賛成し難く思っています。先程の中窪会員も指摘されましたけれども,渡辺会員が提示したような労働条件の多様性,階層性に対応した交渉構造が必要となりますが,その際,公正代表義務論で交渉構造を一元化するのではなく,労働条件の性格に応じて,労働組合の団結自治の原理と従業員代表の代表民主主義の原理とを適合的に組み合わせて労使関係を再構成した方が,今,松尾会員が発言されたような,労働組合の団結権を侵害する可能性もありませんし,より妥当なアプローチではないかと思っています。これは個人的な意見です。

中島（司会＝上智大学） それでは,そろそろ時間も参りましたのですが,今のことに関連して,何かご質問ありませんか。

宮島（弁護士） 渡辺報告も道幸報告も,議会（国会）権限ないし憲法所定の団交権の再検討にふれられたように思えますが,議会（国会）には補正予算の「ゆとり」もあるほか,そもそも議会,特に地方自治体のそれなどは,最高唯一の議決機関などとはいえない筈である,ということを指摘したかっただけです。団交権論なり団交法理につき憲法解釈を変えるということになると,やがて憲法改正に通じはしないか,というようなことです。

道幸（北海道大学） 後者については,首長と議会との関係まであまり考えなかったということです。その前の28条については,これは答えると長くなるのです。むしろ,争議権中心というのは,公務員について主に争議権中心の28条論だったという認

識がありまして，28条論については，現時点では団交，協約を中心として再構成する必要があるのではないか。特に，団交権の持つ意味とか機能とか，それから，これが公務員，労働者にとってどういう意味があるかとか。そういうことについては，必ずしも十分な議論をされているとは考えておりませんので，そういう点でこの28条論の再検討というのを議論しただけで，憲法改正とかそんな大それたことを言っているわけではない。

和田（司会＝名古屋大学）　ほかにもまだ，ご質問やご意見をお持ちの方がいらっしゃるかもしれませんが，時間がまいりましたので，この辺りで本日のシンポジウムを終了させていただきます。どうも，長時間，熱心なご議論ありがとうございました。
(拍手)

（終了）

〈個別報告〉

ドイツ法における労働契約と労働者概念

橋 本 陽 子

(学習院大学)

I はじめに

わが国の多数の労働法規及び判例法理の適用対象者である「労働者」は具体的にいかなる者を指し、そして、それは単一の概念なのか法律ごとに異なる概念なのであろうか。この点について、これまでのところ、労働法を通じて統一的な労働者概念を志向する片岡教授の見解[1]、労働法の法規範の趣旨・目的ごとに労働者概念を相対的に捉えることを主張する下井教授の見解[2]、さらに、労働者と自営業者との間の中間カテゴリーの可能性について言及する西谷教授[3]及び鎌田教授[4]の見解が注目される[5]。

本研究は、約百年前からドイツで形成された労働法がわが国及ぼした影響に鑑み——「使用従属性」は、ドイツ労働法にいう「人的従属性 (persönliche Abhängigkeit)」という概念に由来する——、ドイツ法の検討を行うことにより、労働法・社会保険法の適用対象者を考察する手がかりを得ようと試みるもので

---

1) 労働者とそれ以外の者とに与えられる現行法上の保護を整理・分析した最近の文献として、柳屋孝安「非労働者と労働者概念」(講座21世紀の労働法第一巻『21世紀労働法の展望』有斐閣 (2000年) 128頁。
2) 片岡曻「映画俳優は『労働者』か」季労57号157頁 (1965年)。
3) 下井隆史『労働契約法の理論』有斐閣 (1985年) 53頁以下。
4) 西谷敏「労基法上の労働者と使用者」沼田・本多・片岡編『シンポジューム労働者保護法』青林書院 (1984年) 3頁以下。
5) 鎌田耕一編著『契約労働の研究——アウトソーシングの労働問題』多賀出版 (2001年) 125頁。
6) 学説、裁判例の整理については、拙稿「労働法・社会保険法の適用対象者——ドイツ法における労働契約と労働者概念(1)」法学協会雑誌119巻4号612頁。

ある。[7]

　具体的には，まず，労働契約及び労働者の概念がドイツでどのように形成されてきたのかを概観し，現在の労働者性の画定基準に関するドイツの議論状況を紹介する（Ⅱ）。ドイツ労働法の特徴は，統一法典が存在せず，多数の個別法規から成り立っていることであるが，これらの法律及び労働法学が生成されるにいたった時代背景を知ることは，その適用対象者である労働者概念を理解する上でも欠かせない作業であろう。次に，ドイツには，労働者以外に「労働者類似の者（arbeitnehmerähnliche Person）」という独特の概念が存在するが，労働者と自営業者との境界画定がますます困難となり，分類困難なグレーゾーンにあたる就業形態の増加に着目すると，かかる第三の概念は魅力的な選択に思われる。そこで，この労働者類似の者のドイツ法における意義を検討し（Ⅲ），最後に，日本法との比較に基づく，ドイツ法の特徴とわが国における労働者概念の解釈の可能性について言及したい（Ⅳ）。

Ⅱ　ドイツにおける労働契約と労働者概念の生成と展開

　公法たる営業法では，1850年代以降，本格的に工業化が進展する中で，顕在化した社会問題への取り組みとして，一定の労働者保護が実現していったが，私法学では，民法典制定をめぐって，労働者の役務が基礎付けられる雇用契約について議論が引き起こされることとなった。

1　ロトマールの「労働契約」概念

　労働契約に関する初の体系的な著作がロトマールの『労働契約』（第1巻1902年，第2巻1908年）である。ロトマールは，「労働契約」の概念を非常に広く解し，あらゆる有償の役務供給契約を労働契約と定義した。[8]

---

7) 本稿は，基本的に，拙稿「労働法・社会保険法の適用対象者——ドイツ法における労働契約と労働者概念（2）（3）完」（法学協会雑誌掲載予定）の要約である。
8) *Lotmar*, Arbeitsvertrag, I, S. 32.

個別報告

(1) 「労働者」の定義

ロトマールは, 役務供給者の特定の経済的, 社会的状況あるいは労働の種類に基づく労働者概念を取らない。ある役務供給契約において, 役務を約束した者が労働者である。

「『使用者』と『労働者』は, 相対的で一時的な特質, すなわち労働契約によって獲得され, 契約当事者が他方当事者に対してだけ, 他方当事者に関してだけ有する特質だけを指す。例えば, 機械の織物工場の所有者に家を建てることを約束した大工の親方は, これについて締結された労働契約においては, 織物工場主の労働者である。後者に対して工場労働を義務づけられたプロレタリアは, 彼に対して労働者であるが, 病気の子供のために呼んだ医師に対しては使用者である。そして, 医師は, このプロレタリアの家に行くために乗った馬車の御者に対しては使用者である。上述の大工の親方の左官の徒弟は, 路面電車で労働者として活動すべき建築現場まで運搬される場合には, 運搬契約によって, 路面電車を運行する会社の使用者となる[9]」。

(2) 時間給契約と出来高払契約

実定法に基づく労働契約の類型を, ロトマールは時間給契約と出来高払契約の基本類型 (両者の混合形態もある) に分ける。ロトマールは, あらゆる労働契約の基本となる契約類型は民法典の雇用契約と請負契約であるが, この二つにつきるものではなく, 独自の規制に服する労働契約が存在すること, しかし, 主に労働の種類に基づく制定法の分類では雇用契約と請負契約をうまく位置づけられないこと (雇用契約と請負契約は労働の種類に基づく類型ではない) から, 報酬の決め方に着目して, 時間給契約と出来高払契約という独自の分類を行なった[10]。時間給契約は一定の時間分の労働に対して報酬が支払われるもので, 単位となる時間は一時間でも一日でも一月でも構わない。

ロトマールによると, 時間給契約は常に雇用契約であるが, 出来高払契約は常に請負契約にあたるわけではなく, 雇用契約である場合もある。雇用契約の特徴は使用者の営業経営への帰属である。したがって, 「使用者が, 自己の営

---

9) *Lotmar*, Arbeitsvertrag, I, S. 63f.
10) *Lotmar*, Arbeitsvertrag, I, S. 323-328.

業経営において締結した出来高払契約は，請負契約法ではなく，雇用契約法に基づいて取扱われる」[11]。決め手は，使用者が私人ではなく，より重い使用者の負担を正当化しうる営業経営者であることである[12]。そして，家内労働契約も，使用者が問屋であれ，工場主であれ，使用者の営業経営において締結されているので，雇用契約法に服する[13]。

(3) ロトマールの意義と限界

物の交換契約とは区別されるあらゆる役務の交換契約をロトマールは「労働契約」と名づけ，かかる契約に基づいて役務提供を義務付けられた者を「労働者」と呼んだ。ロトマールの労働契約及び労働者概念は今日の用語法とはまったく異なるものであるが，主要な考察は，他人のための労働の主要な形態，すなわち営業法や商法典に服する労働契約に関して行なわれており，とくに労働強化につながる出来高払契約の正当な位置づけに苦心した様子がうかがえる。

今日の労働法学を形成したギールケ，ジンツハイマーの議論と比較すると，ロトマールが使用者の指揮命令権は要件ではなく効果であると述べて，指揮命令権を重視しなかった点は，当時の社会問題の対象であった工場労働者という強度に指揮命令権に服する者の保護を軽視する結果になったといえる[14]。しかし，他方で，指揮命令への拘束という観点では考察から落とされてしまうもっとも困窮していた家内労働者を体系上特別に取扱う必要はなかった。

2 ギールケの雇用契約概念

(1) ロトマールに対する批判

ロトマールの広義の労働契約概念に対して，ギールケは，「雇用契約の機能は，支配的に指揮される全体に労働を編入することによる労働の組織化であり，請負契約は独立の事業者の労働を第三者が利用しうるための手段の一つである。それゆえ，前者は主として組織行為であり，後者は何よりも交換行為である」[15]

---

11) *Lotmar*, Arbeitsvertrag, II, S. 903.
12) *Lotmar*, Arbeitsvertrag, II, S. 903, 908.
13) *Lotmar*, Arbeitsvertrag, II, S. 910.
14) 同旨，*M. Becker*, Arbeitsvertrag und Arbeitsverhältnis in Deutschland——Vom Beginn der Industrialisierung bis zum Ende des Kaiserreichs, 1995, S. 258, 271.

個別報告

と述べて,ロトマールが雇用契約と請負契約を区別していない点を批判した。

(2) 雇用契約の人格法的側面

ギールケは,1889年,民法典第一草案に対する批判を公表した[16]。その批判の特徴は,現状認識に基づく社会政策的な観点からではなく,労働関係は単なる債権関係ではなく人格法的な関係である,という「社会法」の理念に基づく批判を展開した点である。ギールケは,はじめて近代的企業の性格と,団体としての企業への編入の意義を指摘し,企業家とその事業所に編入された従業員から成る経済団体の統一性を社会政策立法は考慮しなければならない,と主張した[17]。その後,有名な1914年の論文「雇用契約の起源」において,ギールケは民法典第一草案批判で指摘した雇用契約の人格法的側面を詳細に論じた。雇用契約における相互の忠実義務を強調したギールケの主張は,その後圧倒的な影響力をドイツ労働法学に及ぼすこととなった。

ここで,興味深い点は,ギールケは労働契約を営業法の適用される労働者の雇用契約,と解していたが,とくに雇用契約一般と区別される労働契約の特殊性については論じていないことである。

「……その後ドイツの法典は,ローマ法の概念を断ち切って,ドイツの法生活から,歴史的な継続性において民族の基本思想を保持し,さらに拡大した雇用契約という独立の概念を創設した。確かに,それは一般的な規定においては,豊富な特別法に対してみすぼらしい粗筋にすぎないように見える債権法上のわずかな原則に制限されている。しかし,ドイツの法典は,拘束力の弱い,短期的な個別的役務給付に関する契約を含む,すべての雇用契約について等しい規定を定めようとしたので,このことは避け難かったのである[18]」。

第一草案を厳しく批判したギールケであるが,その批判が受け入れられ,民法典では使用者の配慮義務を定める規定が若干制定されたことにギールケは満

---

15) *Gierke*, Die Wurzeln des Dienstvertrages, S. 49, Anm. 4; *ders*, Deutsches Privatrecht III, S. 591-593.

16) 西谷敏「O. v. ギールケ,私法の社会的任務」日本労働研究雑誌432号68頁1996年)。

17) *Gierke*, Der Entwurf eines burgerlichen Gesetzbuchs und das deutsche Rechts, 1889, S. 192f.

18) *Gierke*, Die Wurzeln des Dienstvertrages, S. 52.

足していた。

　ギールケは，雇用契約と区別される労働契約を観念していなかっただけでなく，民法典では低級な労働も高級な労働も同じ雇用契約として観念されることを，あらゆる労働が等しく名誉に値すると評価されることになった，とむしろ高く評価したのである。

3　ジンツハイマーによる「従属労働」概念の発見
(1)　統一的な労働法

　営業法上の労働契約を念頭において自己の労働法学を出発させたジンツハイマーであるが，1914年の論文「ドイツにおける統一的な労働法の基本理念と可能性について」において，ジンツハイマーは，職員労働法の制定運動を背景に，職員労働法にとどまらない現業労働者の労働法も含めた統一的な労働法の理念について論じた。結論を言うと，実体的な労働法の法典化に関しては時機尚早であると述べたものの，統一的な裁判管轄の必要性を強く主張している。

　ジンツハイマーは，まず必要なのは統一性の理念であると述べ，この統一性を支える概念として「従属労働」概念を打ち出した。

　「労働法が向かう統一性は，基本理念の統一である。……働く者として労働法に生きる者すべてが，この独特の法律に服する。民間の職員あるいは現業労働者，管理的機能を負う職員あるいはそのような機能を負わない職員，何千マルクもの年収を得る職員あるいは一日数マルクの現業労働者—彼らはみな労働法に服する。彼らは給付として自己の人格を投入し，彼らは従属的である」[19]。

　このように，ジンツハイマーにおいて，労働法の適用される労働者とそれ以外の独立的な役務提供者の区別が意識されるようになる。その背景として，社会保険立法の成立と展開の影響は見逃せないであろう。

　例えば，1905年のライヒ保険局の指導では[20]，既に被保険者資格の判断要素に

---

[19]　*Sinzheimer*, Über den Grundgedanken und die Möglichkeit eines einheitlichen Arbeitsrechts für Deutschland, 1914, in Hugo Sinzheimer Arbeitsrecht und Rechtssoziologie——Gesammelte Aufsätze und Reden——, hg. v. *Kahn-Freund/Ramm*, 1976, I, S. 35, 47.

[20]　Amtliche Nachrichten des Reichs-Versicherungsamts (=AN) 1905, S. 615.

個別報告

ついて詳細に検討されている。指導では，一般的な考察に続けて職業類型ごとに重視すべきメルクマールが整理されており，精緻で実用的な指針を提示している。

ここでは，ライヒ保険局が「人的かつ経済的従属性」と定式化し，専属性，設備の保有等，経済的従属性を示す要素の意義を考慮していたこと[21]，保険義務に服するかどうかは当該就労者の社会的地位に照らして判断する，というように強制被保険者としての資格を身分概念として把握している点を指摘したい。

(2) ジンツハイマーの「労働者」概念

ジンツハイマーは，自己の労働法学を体系化した著書『労働法原理』[22]において，労働者概念には二重の意味があると述べる[23]。

まず，第一に，労働者とは「使用者側と労働法的諸関係によって結び付けられている人々」であり，閉店後手工業者のために記帳にあたる独立の商人は，職業的労働者ではないが，やはり労働者である[24]。

労働者の第二の意義が，「従属労働に依存する人々」である。この意味での労働者概念は第一の概念よりも広く，雇主側と労働法的諸関係に立つ人々ばかりではなく，かかる関係に立たない人をも包含する。例えば，失業した職業的労働者である。「この労働者概念は，労働者と使用者との間の結合関係に根ざすものではなくて，労働者の社会的身分に根ざすものであるから，われわれは，これを労働者の身分概念と呼ぶ[25]」。

ジンツハイマーは，「労働契約」という用語をロトマール流に「雇用契約のみならず請負契約をも含む統一的概念である」という意味で用いており，労働

---

[21] 独立の事業者か非独立の賃金労働者かが常に念頭に置かれている点が注目される。この例外が，「賃金労働者と独立の営業経営者との間に位置する」家内工業者である（AN 1905, S. 615, 644, Ziffer 33.）。

[22] *Sinzheimer*, Grundzüge des Areitsrechts（以下 Grundzüge）, 2. Aufl., 1927.（楢崎二郎・蓼沼謙一『労働法原理（第二版）』1955年40頁）

[23] *Sinzheimer*, Grundzüge, 2. Aufl., 1927, S. 32.

[24] *Sinzheimer*, Grundzüge, 2. Aufl., 1927, S. 33.「労働法的諸関係」とは，労働契約に限られない，労働者と使用者との間に存する諸関係を意味し，その具体的類型が団体（Verband）である（S. 33）。

[25] *Sinzheimer*, Grundzüge, 2. Aufl., 1927, S. 34.（楢崎・蓼沼訳，41頁）

関係を設定する契約を「使用契約（Anstellungsvertrag）」と呼ぶ[26]。使用契約の判断基準として，ジンツハイマーは時間的拘束を有力な徴表としてあげる[27]。

4 「人的従属性」基準の確立

指揮命令拘束性を意味する人的従属性という今日まで続く労働者の定義を確立したのが，フック／ニッパーダイである。

フック／ニッパーダイは，カスケルに従い，職業的労働者を念頭に置き，「……労働法はその生業活動の種類によって特徴づけられる特定の人的集団の特別法である[28]」と労働法を定義し，ジンツハイマーのいう第一の労働者の意義は捨象した。

フック／ニッパーダイがこれまでの論者よりも一歩進んだ点は，労働法の各法律の適用対象者としての労働者概念をはじめて明確に意識し，各々の法律ごとに適用対象者である労働者を確定するのではなく，統一的な労働者概念を定立すべきことを主張している点である[29]。この背景には，従来の職業集団ごとの規制（営業法，商法典等）に代わって，ワイマール時代になって規範ごとの労働法の法律が制定されはじめたことがあると考えられる。さらに，フックは，労働者の判断基準を人的従属性に求めるべきことをライヒ労働裁判所の判例評釈で繰り返し主張した[30]。

5 BAGの判例による労働者概念の判断基準の精緻化

労働者の定義「人的従属性」の具体的なメルクマールは，戦後，連邦労働裁判所（BAG）の判例によって積み重ねられていくことになった。まず，労働者性の決め手である人的従属性の判断にあたっては，契約の文言よりも，就労の

---

26) *Sinzheimer*, Grundzüge, 2. Aufl., 1927, S. 117.（楢崎・蓼沼訳，123頁。なお。楢崎・蓼沼訳は「使用契約」ではなく「傭使契約」と訳している。）
27) *Sinzheimer*, Grundzüge, 2. Aufl., 1927, S. 122.（楢崎・蓼沼訳，129頁）
28) *Hueck/Nipperdey*, Lehrbuch des Arbeitsrecht, 3-5 Aufl., I, 1931, S. 7.
29) なぜ統一的な労働者概念を取るべきかについては積極的な論拠は述べていない（*Hueck/Nipperdey*, Lehrbuch des Arbeitsrecht, 1 Aufl., I, 1928, S. 32f.）。
30) 例えば，ライヒ労働裁判所1931年9月10日判決（ARS 13, S. 42, Nr. 10）。

実態が重視される。人的従属性を構成するメルクマールは，当該事案のあらゆる事情を考慮した上で，労働者性判断において，いかなる重要性を持つのかが判断される。事案によっては，全く重視されないメルクマールも存在する。したがって，決め手となるメルクマールが何であるのか一般化することはできず，必ず存在しなければならないメルクマールもない。また，総合判断であるので，当該事案で，何が決め手であるのか明確に認識できないことも多い。このような労働者概念は，類型概念（Typusbegriff）[31]として理解されている。そして，1970年代以降の放送局の自由協働者訴訟によって，労働者性のメルクマールが精緻化されていった。[32]

自由協働者訴訟を通じて，判例による労働者性のメルクマールの検討が深化された結果，当初は，労働者性の徴表たりうる要素を列挙していた判例は，形式的メルクマールと実質的メルクマールを区別するようになった。すなわち，税法及び社会保険法上の扱い，報酬の支払方法，人事資料の作成，休暇の付与，内線リストへの掲載等は，就労者の法的地位に関する両当事者あるいは一方当事者の主観的な見解を示すに過ぎず，徴表としての意義をほとんど否定されるようになった。

現在最も重視されている要素は，時間的な面に関する労働力処分の可能性の有無である。これは，自己の活動を自由に形成し，労働時間を自由に決定できる者を独立の代理商と定義する商法典84条1項2文を手がかりとするものであり，この規定は，それぞれの活動の特質を考慮すべきであるとしつつも，労働者性に関する唯一の法律上の規定として，代理商の類型を超えて一般的に妥当するとされる。[33]

6 社会保険法上の「就業」概念

戦後もライヒ保険法は，そのまま適用されることになったが，1970年代に入

---

31) *Herschel*, Die typologische Methode und das Arbeitsrecht, Festgabe für Kunze, 1969, S. 225.

32) 柳屋孝安「西ドイツ労働法における被用者概念の変化（上）（下）——放送事業の自由協働者をめぐる最近の動き」労働協会雑誌317号42頁，318号67頁（1985年）。

33) AP Nr. 26 zu § 611 BGB Abhängigkeit 以降の判例。

って，社会保険法及び社会扶助法の新たな統一法典制定の動きが始まった。社会保険法の総則を定めた社会法典第4編は，これまで文言のみで定義されていなかった，保険義務を基礎付ける「就業（Beschäftigung）」概念を定義した。すなわち，社会保険の強制被保険者は，「就業者」であるとされ（社会法典第4編2条），「就業とは，非独立的活動であり，とくに労働関係のそれをいう」（社会法典第4編7条）と定義された。「就業」は，保険義務の人的範囲と時間的範囲の二つを画定するという機能をもつが，いずれの機能についても，労働者あるいは労働関係の概念との異同が問題となる。歴史的経緯によれば，そもそも社会保険法独自の就業概念が登場した理由は，労働法が本格的に展開していなかった当時の状況の下で，就労の基礎となる契約が無効と判明した場合であっても，実際に労働が提供された場合に保険による保護を付与するためであった[34]。しかし，その後，労働法でも，契約説と編入説の争い[35]を経て，契約に瑕疵がある場合にも労働関係の存在が認められるようになったため，もはや，社会保険法独自の就業概念を維持する必要性は失われた[36]。それにもかかわらず，社会法典第4編の立法にあたっても，社会保険法独自の就業概念は継承された。

そもそも独自の就業概念を要請した無効な労働契約の問題が，就業概念の時間的範囲に属する問題であったように，就業概念をめぐる議論は，もっぱら時間的範囲確定の機能に関するものであった。例えば，ストライキで実際に就労していなかった期間が年金保険の待機期間に算入されるのか[37]，疾病保険は存続するのか[38]，あるいは破産手続開始後，労働関係はまだ終了していないが実際には就労を免除された労働者について，労災保険組合への拠出が必要とされるの

---

34) *Gitter*, Beschäftigungsverhältnis und Arbeitsverhältnis, FS für Wannagat, 1981, S. 141, 144.
35) *Hueck/Nipperdey*, Lehrbuch des Arbeitsrechts, 6. Aufl, Bd. I, 1963, § 21.
36) *Gitter*, aaO, S. 154.
37) BSG Großer Senat Beschluß vom 11. 12. 1973, BSGE 37, 10（スト期間の長さを問わず，年金保険の待機期間に算入されると判断した）．
38) BSG Urteil vom 15. 12. 1971, BSGE 33, 254（争議行為開始後3週間以降の報酬の不支給によって疾病保険における就業関係は終了する旨判示した）．
39) BSG Urteil vom 30. 7. 1981, BSGE 52, 76（労災リスクはもはや存在しないので，拠出は不要であると判断した）．

か[39)]，という事案が存在する。この意味での就業概念は，保険の目的・趣旨に応じて，相対的であることが判例上確立している[40)]。

これに対して，就業概念の人的範囲については，労働法上の労働者との一致は，当初は，むしろ，当然のように考えられていたようである。これは，労働法よりも早く成立・展開することになった社会保険の強制被保険者が，労働法上の労働者概念の形成に多大な影響を及ぼしたという歴史的経緯に鑑みれば，当然かもしれない。

7 ヴァンクの見解

(1) 労働者と自営業者

放送局の自由協働者判決の展開と並行して，学説でも，労働者概念をめぐる議論が盛んになったが，その集大成ともいえるモノグラフが，1988年に公刊されたロルフ・ヴァンクの教授資格論文『労働者と独立自営業者』である[41)]。

ヴァンクは，まず，労働者と独立自営業者（雇用契約あるいは請負契約に基づいて就労する者）の区別を強調したうえで，判例の労働者概念は，何よりも，構成要件（人的従属性）と法律効果（労働法の適用）との間の意味的な連関が欠如している，つまり，なぜ，指揮命令に拘束されていれば，労働法が適用されるのかが明らかではない，と批判する。また，個々のメルクマールにいかなる重要性が与えられるのか，そして，それらが，互いにどのような関係にあるのかも明らかにされておらず，具体的事案における恣意的なメルクマールの組み合わせとその評価は，類型的な概念形成の名においても正当化されず，目的論的な概念形成の必要性を強調する[42)]。

(2) 労働者概念の統一性

目的論的な概念形成となれば，労働法の法律ごとに労働者概念が異なることが考えられるが，判例・学説が，法律ごとの狭い労働者概念に基づいているよ

---

40) BSG Großer Senat Beschluß vom 11. 12. 1973, BSGE 37, 10.
41) ヴァンクの見解については，高島良一『労働法律関係の当事者』信山社（1996年）で，既に詳細な紹介と検討が行なわれている。
42) *Wank*, Arbeitnehmer und Selbständige（以下 Arbeitnehmer），S. 35.

うには見えないのは，法秩序の統一性の要請に暗黙のうちに従っているからである[43]。さらに，ヴァンクは次のように述べる[44]。

　「同じ就労者が，法律ごとに，あるときは労働者，あるときには独立自営業者になることは，不都合であり，実際的でもないであろう。統一的な定義を用いる要請は，労働者概念が身分概念（Statutsbegriff）であることによって，非常に強いものとなる」。

　⑶　「事業者のリスクの自発的な引き受け」

　ヴァンクが，「人的従属性」に代えて，労働者と独立自営業者を区別する基準として提唱するのが「事業者のリスク」である。つまり，労働者が享受する職業保護と生存保護を享受せず，そのリスクを自ら負うのが独立自営業者であるが，この「事業者のリスク」は，押し付けられたものであってはならず，自発的に選択したものでなければならない[45]。

　ヴァンクによれば，「事業者のリスクの自発的な引き受け」は，①事業者の決定の余地及び②決定に対する経済的帰責，を包摂する概念である[46]。②は，管理的職員と区別するための要件である[47]。そして，指揮命令拘束性（場所，時間的配分の拘束，指示への拘束）及び組織的編入（委託者の人的・物的設備への依存）は，事業者の決定の余地を狭める。このように，上位のメルクマールである「事業者のリスクの自発的な引き受け」と目的論的に考察すれば，指揮命令拘束性及び組織的編入は，十分有用なメルクマールたりうる[48]。自己の企業組織と市場への方向づけ（専属性の有無）も，「事業者の決定の余地」を構成するその他のメルクマールである。

　ヴァンクの見解は，判例に一定の影響を与えただけでなく，1998年12月の偽装自営業者問題に対応するための法改正によって新設された[49]，社会保険の強制

---

43)　*Wank*, Arbeitnehmer, S. 37.
44)　*Wank*, Arbeitnehmer, S. 37.
45)　独立自営業者のリスクではなく，事業者のリスクと呼ぶ理由は，既に，「事業者のリスク」という用語が定着しているからである（*Wank*, Arbeitnehmer, S. 122）。
46)　*Wank*, Arbeitnehmer, S. 150.
47)　*Wank*, Arbeitnehmer, S. 148, 168.
48)　*Wank*, Arbeitnehmer, S. 155.
49)　BGBl. I 1998, S. 3843.

個別報告

被保険者資格の推定規定に取り入れられることになった(その後,一定の見直し[50]が行われた)。

8 ヴァンクに対する批判

大きな影響力を及ぼしたヴァンクの見解であるが,現在の学界及びBAGは,伝統的な人的従属性の基準に回帰する傾向を見せている。この方向を決定付けたのがローマトゥカが1997年に発表した2つの論文である[51]。ローマトゥカは,社会保険法,労働法の歴史的な展開を分析し,フックによって確立された体系を維持すべきことを主張した。

ヴァンクの見解に対しては,労働者類似の者というカテゴリーが排除されると批判する。独立自営業者と労働者しか存在しないのであれば,境界は簡単で,経済市場で活動を行なっているかどうか,あるいは保護の必要性の有無(利益を得る可能性)を基準とすればよいが,現行法は3つのカテゴリーに基づいている[52]。

ローマトゥカは,労働者の範囲は伝統的な人的従属性の基準に従って限定的に解しつつ,労働法,社会保険法の規範の趣旨,目的を検討して,必要な規制を労働者以外の者にも拡大していくという解決を提案している。この背景には,伝統的な人的従属性に基準によって労働者の範囲を狭く捉えることで,自営業

---

50) Gesetz zur Förderung der Selbständigkeit, BGBl. I 2000. S. 2.
51) *Hromadka*, Arbeitnehmerbegriff und Arbeitsrecht――Zur Diskussion um die „neue Selbständigkeit"――, NZA 1997, S. 569.; *ders*, Arbeitnehmerähnliche Personen――Rechtsgeschichtliche, dogmatische und rechtspolitische Überlegungen――, NZA 1997, S. 1249.
52) *Hromadka*, Arbeitnehmerbegriff und Arbeitsrecht, NZA 1997, S. 575.
53) *Hromadka*, Arbeitnehmerbegriff und Arbeitsrecht, NZA 1997, S. 569, *Buchner*, Das Recht der Arbeitnehmer, der Arbeitnehmerähnlichen und der Selbständigen――jedem das Gleiche oder jedem das Seine――, NZA 1998, S. 1144, 1152. Hartz委員会報告書では,失業手当と同額の補助を起業後3年間行う「Ich-AG」制度が提案された(Moderne Dienstleistungen am Arbeitsmarkt――Vorschläge der Kommission zum Abbau der Arbeitslosigkeit und zur Umstrukturierung der Bundesanstalt für Arbeit――, 2002, S. 163ff.)。そして,この制度は,HartzⅡ法(BT-Dr. 15/26)によって立法化され,起業する失業者には,1年め600ユーロ,2年め360ユーロ,3年め240ユーロの起業補助が支給されることになった(社会法典第3編421m条)。そして,この起業補助を申請した者は,当該活動において,独立自営業者であるという推定規定が付け加えられた(社会法典第4編7条4項2文)。

を促進しようという政策的考慮もある[53]。

III 「労働者類似の者」の概念の可能性

1 定 義

「労働者類似の者」とは，人的には独立しているが，経済的に従属している者と一般に定義され，部分的に労働法の適用が認められている者である[54]。現在までに，1926年の労働裁判所法，1963年の連邦休暇法，1974年の労働協約法，1994年のセクシュアル・ハラスメント防止法及び1996年の労働保護法の適用対象者に含まれてきた。そのほか，労働者類似の者に該当するとされている特定の職業類型についての特別法も存在する。家内労働者のための家内労働法，専属代理商のための商法典92a条である[55]。家内労働法は，労働時間（10条），安全・衛生（12条以下），協約締結の可能性（17条），工賃（23条以下）及び解約告知期間（29条）に関する保護を規定し，官庁の監督に服する労働保護法である。また，家内労働者は，家内労働法以外にも，事業所組織法などの労働法の適用範囲に含まれている。

労働裁判所法及び連邦休暇法の簡単な定義に代えて，より詳細な一般的な労働者類似の者の定義を定めたのが，1974年に新設された労働協約法12a条である。労働協約法12a条1項1号によれば，労働者類似の者の要件は，①自己の労働力を投入し，基本的に労働者を使用しないこと，②経済的従属性，③労働者と同程度の社会的保護の必要性及び④雇用契約か請負契約に基づいていること，である。労働協約法12a条は，メディア，特に放送局の自由協働者を念頭に置いて，彼らに協約締結権を付与する目的で制定された規定であるが，法律の文言は，一般的な定義規定となっている。この定義は，労働者類似の者の統一的な定義を定めたものではなく，労働者類似の者は各法律ごとの相対的な概

---

54) 労働者類似の者については，柳家孝安「ドイツ・西ドイツにおける被用者類似の者の概念について（1）〜（4）完」日本文理大学商経学会誌第6巻1号257頁（1987年），2号87頁（1988年），第7巻1号95頁（1988年），2号99頁（1989年）参照。
55) 労働裁判所の管轄に服する専属代理商（労働裁判所法5条3項）は，倒産手続において，労働者と同等の優先権を持つ（倒産法55条以下）。

念であると解されているが[56]，労働裁判所法の適用に関して参照する裁判例もある[57]。いずれにせよ，労働者類似の者の具体的な判断基準はかなり不明確であるといえ，③の労働者と同程度の社会的保護の必要性という曖昧な要素が裁判例で重視されている[58]。最近では，アイスマン（Eismann）という冷凍食品等の宅配サービスを行うフランチャイズシステムについて，フランチャイジーの労働者類似性が肯定された[59]。

2 評 価

上述のように，労働者類似の者が一義的で明確な概念たりうるのかについては疑念を提起せざるを得ない[60]。しかし，最近では，ILOの契約労働条約案に[61]見られるように，自営業者と労働者の間の中間カテゴリーとして，労働者類似の者の概念が見直されている。ローマトゥカは，労働者類似の者を「労働者ではなく，人的に，かつ基本的に他人を雇用することなく，継続的に，基本的に専属的に活動する者で，平均して社会法典第4編18条に基づく全被保険者平均賃金の3分の1から100％に相当する報酬を委託者から得ている者」と一般的に定義することを試み[62]，労働者類似の者という概念は1923年まで遡ることはできるものの，1963年の連邦休暇法までは，家内労働者とほぼ同義であったこと

---

56) *Wank*, Wiedemann/Tarifvertragsgesetz, 6. Aufl., § 12a Rdn. 40ff.
57) BAG Urteil vom 17. 10. 1990, AP Nr. 9 zu § 5 ArbGG 1979 (複数の放送局のために働くジャーナリストの労働者類似性を肯定し，協約上の権利に関する紛争が労働裁判所の管轄に服することを認めた)。
58) BAG Urteil vom 2. 10. 1990, AP Nr. 1 zu § 12a TVG (放送局の視聴料金の集金人の労働者類似性を否定); BAG Bescnluß vom 15. 4. 1993, AP Nr. 12 zu § 5 ArbGG 1979 (弁護士事務所のジュニアパートナーの労働者類似性を否定)。
59) BAG Beschl. vom 16. 7. 1997, AP Nr. 37 zu § 5 ArbGG 1979; BGH Beschl. vom 4. 11. 1998 NZA 1999, S. 53.
60) *Wank*, Wiedemann/Tarifvertragsgesetz, 6. Aufl., § 12a Rdn. 42; *Neuvians*, Die arbeitnehmerähnliche Person, 2002, S. 86 (本書は，ヴァンクの見解に従い，労働者類似の者にあたる従属的な自営業者を労働法の適用範囲に含めることが解釈論上可能であると主張する。しかし，これによって労働者類似の者という概念が廃棄されるのかどうかについては論じていない)。
61) 鎌田・前掲注5）書第一章。
62) *Hromadka*, Arbeitnehmerähnliche Personen, NZA 1997, S. 1249, 1254.

から，家内労働者に関して法規制が進んだのは歴史的な理由にすぎず，その他の労働者類似の者にそれらの規制を及ぼさないことを正当化する根拠はない，と述べて，労働者類似の者に対する家内労働法の類推適用を主張する。[63]

Ⅳ 労働者概念のわが国における解釈の可能性

以上のドイツ法の検討をまとめると，次のことが言える。

まず，ドイツでは，多数の労働法に属する法律が存在するが，これらの適用対象者である労働者概念は統一的な概念として理解されている。その原因は，労働法が「労働者の特別法」（フック／ニッパーダイ）として性格付けられ，発展したことに帰せられる。労働法に先行して発展した社会保険法の実務の影響も見逃せないであろう。そして，労働契約は民法典の雇用契約の下位類型として位置付けられることになった。それまでは，労働契約という用語法も一義的ではなく，雇用契約との異同も明確に意識されていなかった。

これに対して，労働者と自営業者の中間概念である労働者類似の者は，統一的な概念ではなく，法律ごとの相対的な概念として解されている点は興味深い。もっとも，これがどこまで貫徹されているのかははっきりしない。また，労働者類似の者に適用される規範は乏しく，十分な保護が存在するとは言い難い。

以上のドイツ労働法の体系に照らして，ドイツでは，現在，従属的な自営業者に十分な保護を与えるために，労働者の画定基準は，指揮命令拘束性を中心とする伝統的な人的従属性を維持しつつ，労働者類似の者に適用される規範の拡充を立法論及び解釈論として主張する立場が有力となっている。

この試みは，統一的労働者概念の伝統と労働者類似の者という中間概念を有するドイツ法の体系に照らすと，現実的な提案のように思われる。これに対して，わが国には，これまで十分な議論が尽くされたとは言い難いが，労基法と

---

63) *Hromadka*, Arbeitnehmerähnliche Personen, NZA 1997, S. 1249, 1256. さらに，労働者類似の者に対する労働法の類推適用の可能性はワイマール時代には肯定的に捉えられていた，として，家内労働法にとどまらない労働法の類推適用を容認する見解として，*Pfarr*, Die arbeitnehmerähnliche Person, FS Kehrmann, 1997, S. 75, 93.

個別報告

労組法の労働者概念は異なると一般に理解され,統一的な労働者概念の伝統もない。このようなわが国の特徴に照らすと,労働法の規範目的にしたがって適用対象者を画するという相対的労働者概念の方向性も考慮に値するのではないだろうか。[64]

相対的に捉えるといっても,実際にどのように各々の労働者性を定義づけるのかは困難な作業であるが,労働者の自主性・創造性がますます重視される脱工業化社会においては,人的従属性基準の妥当する労働者の範囲は縮小せざるを得ず,伝統的な人的従属性基準を中核として維持していくことが今後も果たして可能であろうか。

さらに,契約法,経済法において,経済的に劣位にある契約当事者に一定の社会的保護を与える法理及び法規範も展開されている[65]。これらの規制及び労働法規の意義と機能の比較検討も欠かせない作業である。

本稿では,ドイツ法の議論を整理し,紹介したに過ぎないが,今後は,わが国における労働者概念の解釈,立法論的検討を進めていきたい。

(はしもと　ようこ)

---

64) ドイツにも,雇用契約の枠内であるが,規範目的に従った相対的な労働者概念を主張するリヒャルディの見解がある（Richardi, Münchenerhandbuch zum Arbeitsrecht, 2. Aufl, Band I, § 24, Rdn. 54-57.）。

65) 契約の内容審査（民法典138条,242条）及び経済法の規制で,従属的自営業者の保護が十分に達成されるという見解もある（Rieble, Die relative Verselbständigung von Arbeitnehmern——Bewegung in den Randzone des Arbeitsrechts?, ZfA 1998, S. 327.）。

回顧と展望

労働条件の変更申込みを伴う雇止めの効力と留保付き承諾の可否　　　　根本　到
　　──日本ヒルトンホテル（本訴）事件・東京地裁平成14・3・11判決──
フリーカメラマンの労災認定判決を契機に労働者概念を考える　　　　矢部恒夫
　　──新宿労基署長（映画撮影技師労災）事件・東京高裁平14・7・11判決──

労働条件の変更申込みを伴う雇止めの効力と留保付き承諾の可否
――日本ヒルトンホテル（本訴）事件・東京地裁平成14・3・11判決――

　　　　　　　　　　　　　　　　　　　　　　　根　本　　　到

　　　　　　　　　　　　　　　　　　　　　　　　　（神戸商船大学）

I　事実の概要

　被告が経営を行っていたヒルトン東京では，正社員600人弱のほか，配膳人が179人就労していた。この配膳人の中には，レストラン等のウェイターやコックのほか，ホテル内の宴会場及びレストランの食器の洗浄と管理，ゴミの回収等の衛生面を担当していたスチュワードという職務が存在した。原告ら4名は，配膳人の有料職業紹介事業を営んでいた「配膳会」より斡旋を受け，このホテルでスチュワード業務に従事していた。

　被告は，スチュワードとしての勤務を希望する配膳人から，まず就労希望日時を提出させていた。そのうえで，スケジュール担当者等の調整を経て作成された就労予定表に基づいて，勤務日の前日までに勤務者及び勤務時間を決定し，その内容を記入した勤務表を配膳人に告知した。配膳人は，勤務表に従って就労していたが，特定の日時に就労を強制されることはなく，また就労を希望しても当然に就労できるものではなかった。

　バブル経済崩壊後，金融機関の借入金が約55億円に達するなど，経営状況が厳しくなっていたため，被告は原告らを含む配膳人に対し，「労働条件変更のお知らせ」と題する書面（以下，「通知書」とする）を交付した。この通知書では，①賃金の支給対象を実労働時間のみとし，現行では支給対象とされている食事及び休憩時間を賃金の対象とはしないこと，②常用配膳人に対する交通費支給方法を変更すること，③午後10時から午前8時までとなっていた深夜労働取扱時間を午前5時までとすること及び④午前8時以前に就労する者に対して

支給されてきた早朝手当の条件を午前7時以前にするといった4つの変更が記されていた。また，本件通知書には，「労働条件の変更に同意されない配膳人の方は，ヒルトン東京としては平成11年4月10日より雇用することはできませんのでご注意ください」との記載がなされ，配膳人の同意署名欄が設けられていた。被告は，こうした変更によって，年間約4000万円の経費削減が可能であると試算していた。

この通知書に対して，配膳人179人のうち，95％にあたる人が同意していたが，原告らを含む10名はこれに同意せず，同年5月7日に，「異議留保付き承諾の意思表示」を通知するなどしたため，被告は原告らに対し，同年5月11日以降雇用関係はないとして，その就労を拒否した。

これに対し，原告らは仮処分申請を行うとともに，労働契約上の権利を有する地位にあることの確認及び慰謝料の支払いを求める本件訴訟を提起した。すでに判断の示された仮処分決定（東京地裁決定平成11・11・24，労経速1748号3頁）では，合理的理由のない限り従前どおりの内容の日々雇用契約の更新を拒絶することは許されないが，経営状況，本件労働条件変更による経営改善の期待，組合との交渉経過等の諸事情を総合考慮すれば，本件雇止めには合理的な理由があるとして，仮処分申立てを却下していた。

II 判　旨

1 本件労働契約の性質について

「被告においては，原告ら配膳人と労働契約を締結するに際して，期間の定めのない労働契約を締結する意思のなかったことは明らかであり，原告らも，自らが配膳会に所属して日々紹介を受けながら被告に就労しているという雇用システムについて認識していたものと認められるのであるから，……期間の定めのない雇用契約を締結したものであるとは認められない。」

2 実質的に期間の定めのない労働契約に転化したと認められるか

「日々雇用される労働者についても，勤続期間を観念することがその雇用形

態と論理的に矛盾するものであるとはいえないのであって（労基法21条等），日々雇い入れられる者についても，同一人が引き続き同一事業場で使用されている場合には，間断なく日々の雇用契約が継続しているものではなく，途中に就業しない日が多少あったとしても，社会通念上継続した労働関係が成立したものと認め，いわば常用的日々雇用労働者として，法律的に扱うことを認めうるというべきである。」

3 本件雇止めは許されるか——不利益変更の合理性判断を含む

「被告が，ヒルトンホテルに就労する配膳人に対する労働条件を本件通知書の内容に従って変更することには経営上の必要性が認められ，その不利益変更の程度や組合との間で必要な交渉を行っていること，配膳人の95パーセントに相当する者の同意が得られていること等の前記事情を総合すれば，本件通知書に基づく労働条件の変更には合理性が認められるというべきであり，被告が日々雇用する配膳人に対し，将来的に変更後の労働条件を適用して就労させることは許されるものというべきである。」

「本件雇止めを行うについての合理的な理由となりうるかについて検討するに，こうした事情は，原告らスチュワードの労働条件の切下げ（不利益に変更すること）を正当化する理由にはなりえても，直ちに原告らに対する本件雇止めを正当化するに足る合理的な理由であるとは認め難い」

「被告が，原告らに対して本件雇止めをした理由は，業務量の低下等のために，原告らスチュワードを就労させる必要がなくなったことによるものでも，被告の経営状態の悪化を理由とするものでもないのであって，原告らが本件通知書に基づく労働条件の変更に同意しなかったこと（すなわち被告の経費削減に協力しなかったこと），及びこの労働条件の変更について争う権利を留保したうえで被告のスチュワードとしての就労を認めるときは，仮にこの労働条件の変更が許されないとの裁判所の判断等がなされた場合に，この変更に同意したスチュワードと原告らスチュワードとの間の労働条件が異なることになって相当ではないとの理由によるものであると認められる。」

「もし，本件における事実関係の下で，このような理由に基づく雇止めが許

されるとするならば，被告は，ヒルトンホテルに就労する配膳人に対し，必要と判断した場合には何時でも配膳人にとって不利益となる労働条件の変更を一方的に行うことができ，これに同意しない者については，これに同意しなかったとの理由だけで雇用契約関係を打ち切ることが許されることになるのであって，このような理由は，社会通念に照らして本件雇止めをすることを正当化するに足りる合理的な理由とは認め難いのである。」

「原告らは，被告に対し，本件通知書に基づく労働条件の変更の効力について争う権利を留保しつつ，本件通知書の内容に基づいて変更された労働条件の下での就労に同意する旨の通知をしたことが認められるのであって（本件異議留保付き承諾の意思表示），この事実によれば，本件通知書に基づく労働条件の変更に伴う紛争の解決を裁判所等による判断に委ね，変更後の労働条件に基づく労働契約の締結の申入れをしていたものというべきであり，被告は，原告らが本件労働条件の変更を争う権利を留保したことを理由に本件雇止めをし，原告らとの間で日々雇用契約の更新（締結）を拒否することは許されないというべきである。」

4 結論——合理的な範囲での賃金請求の認容と損害賠償請求の否定

「被告の本件通知書に基づく労働条件の変更には合理性が認められ，……本件証拠関係に基づき合理的な範囲で原告らが被告（ヒルトンホテル）に引き続き就労していたならば支給を受けることができたと認められる月々の賃金額を検討する……」

「原告らに対する損害賠償請求（慰謝料）が認められるとまでは言い難い。」

Ⅲ 検　　討

1 本件の争点

本件（労判825号13頁以下）は，第一に本件労働契約は期間の定めのない労働契約か否か，第二に日々雇用契約であるとしても，実質的に期間の定めのない契約と評価できるか，第三に本件雇止めに合理性があるか否か，第四に被告が

不法行為に基づく損害賠償請求を負うかという点をめぐって争われた。こうした争点について本判決は，従来の有期契約に関する判例法理を踏襲し，第一と第二の点を否定したが，第三点については「常用的日々雇用労働者」という新しい概念を定立したうえで，いわゆる雇止めの法理の適用を認めた。そして，本判決のなかでもっとも注目される点であるが，結論において，労働条件の変更に同意しなかったことがただちに雇止めの合理的な理由にはならないとしたうえで，労働者の異議留保付き承諾を認めるという重要な判断を示した。後述するように，最近，学説の中には変更解約告知制度の必要性を強く唱える論者がいたことに鑑みれば，本件がいわゆる留保付き承諾制度の解釈論的創造に道を開くものであるのか注目されよう。本件は，すでに2002（平成14）年11月26日東京高裁判決において，雇止め有効の逆転判断がでているものの[1]，留保付き承諾論の検証にあたっては大きな意味をもつので，雇止めの効力に関する判示部分に限定して，本判決の妥当性と射程を検討してみたい[2]。

2 変更解約告知をめぐる日本の議論状況

(1) 概　要

日本では，従来，労働条件の変更に際しては，就業規則や配転権限を中心とした使用者の一方的な変更権限が問題とされてきたため，いわゆる変更解約告知が問題とされることは少なかった。ところが，1995年にスカンジナビア航空事件・東京地裁決定が出されたことを一つの契機として[3]，変更解約告知に対する理論的関心が高まり，それを肯定する有力な学説も主張されるようになった。その後裁判例においては，1998年の大阪労働衛生センター第一病院事件・大阪地裁判決において[4]，変更解約告知という特別の類型を設けることを否定すると

---

[1]　本評釈の脱稿時に，判決原文を入手していないが，井上幸夫弁護士と城塚健之弁護士から，高裁判決について情報提供を受けた。城塚氏からは執筆にあたり，多くの御教示も受けた。ここで謝意を表したい。
[2]　本件評釈として，中村和夫「判例解説・労働条件変更への不同意を理由とする日々雇用ホテル配膳人の雇止めの効力」労働判例830号5頁以下参照。
[3]　スカンジナビア航空事件・東京地裁決定（平成7・4・13）労働判例675号13頁以下。
[4]　大阪労働衛生センター第一病院事件・大阪地裁判決（平成10・8・31）労働判例751号38頁以下。

いう判断も示されたが，学説においてその必要性は強く主張されていた。変更解約告知に関する学説の動向を整理すれば，以下の2つの争点をめぐって，次のような考え方が展開されている。

(2) 変更解約告知の位置づけ——論点1

まず，留保付き承諾制度と変更解約告知の関係である。この点についての第一の考え方は，留保付き承諾制度は変更解約告知を認めるうえでの不可欠の前提であり，この制度がない状況では，変更解約告知を認めることに消極的な見解である[5]。こうした考え方をとる論者は，解釈論によって留保付き承諾を認めることは困難であるとしたうえで，この制度が立法化されていない段階では，変更解約告知が労働者に対し解雇か労働条件の一方的変更かの二者択一を迫る可能性が高い不適切な手段であると論じていた。

第二の考え方は，「留保付き承諾」制度を変更解約告知を認めるための不可欠の存在として位置づけるが，解釈論によって肯定することができるとするものである[6]。この説を主張する論者は，概して，個別的な労働条件変更法理が日本で整っていないとの認識があり，こうした制度の必要性を重視して，こうした考え方を展開されている。

第三の考え方は，留保付き承諾制度が存在しない現状でも，変更解約告知の法的承認は可能というものである[7]。この論者は，契約自治や自己決定の重要性に鑑み，こうした見解を主張しているが，十分な説得交渉義務など解雇の最後的手段の原則を徹底することも併せて強調しており，そのことによって変更解約告知の強制的性格を緩和できるという認識にたっている。第二の考え方とは，そもそも留保付き承諾に対する使用者の承諾義務を解釈論上認めない点におい

---

5) 拙稿「ドイツにおける変更解約告知制度の構造(2)」季刊労働法187号（1998年）95頁以下，島田陽一「労働条件変更手段からみた就業規則に関する判例法理の問題点と課題」日本労働法学会誌92号（1998年）163頁以下。

6) 荒木尚志『雇用システムと労働条件変更法理』（有斐閣，2001年）293頁以下，土田道夫「変更解約告知と労働者の自己決定(上)(下)」法律時報68巻2号（1996年）44頁以下，3号61頁以下，毛塚勝利「労働条件変更法理としての『変更解約告知』をどう構成するのか」労働判例680号6頁以下参照。

7) 大内伸哉「変更解約告知」日本労働法学会編『講座21世紀の労働法3巻 労働条件の決定と変更』（有斐閣，2000年）61頁以下。

て大きな差異がある。

(3) 留保付き承諾の解釈論上の可能性——論点2

つぎに，留保付き承諾を解釈論によって肯定できるかも問題とされてきた。留保付き承諾は，民法528条に照らして考えると，申込みに対する拒否と使用者への新たな申し込みを意味する。したがって，労働者が留保付き承諾の意思表示をとしても，原則的には，使用者がこれを留保付き承諾として対応しなければならない義務は必ずしもない。こうした理由から，多くの論者は，これまで留保付き承諾制度は立法を通じてのみ創設することができると解してきた。

これに対し，一部の論者からは，変更解約告知の場合に限って，民法528条を修正したうえで，つぎのような取り扱いをすることが提案されている。すなわち，労働者に承諾，拒絶以外に，留保付き承諾の選択肢を示し，それを承諾する信義則上の義務を使用者に課すという方法や[8]，あるいはこうした選択肢が示されない場合でも労働者が留保付き承諾を行った場合には，解約告知の解除条件にあたると解して処理し，留保付き承諾を表明した労働者に対する解雇を規制するという方法である[9]。このように，留保付き承諾論は，民法528条や契約・労働条件の確定性の観点から，留保付き承諾を認めることができるか否かという点に加え，使用者にそれを強いるシステム（承諾義務論あるいは新たな解雇規制）を解釈論上創造し，雇用を持続したまま労働条件の変更を争うことが可能となるかが問題となっていたのである。

3 異議留保付き承諾について

前述のように，日本では，異議留保付き承諾が解釈論上許されるかが，変更解約告知制度を認める一つの鍵となるとされている。したがって，本判決が留保付き承諾の可能性を認めたことについては，日本の労働条件変更法理に少なからぬ影響を与えることが予想される。もっとも，本件のような場合，配転命令の有効性が争われる場合と異なり，雇用の継続を実体法上及び手続法上保障しながら，労働条件の変更のみを争えるようにするのはそれほど容易なことで

---

8) 土田・前掲論文(下)61頁以下参照。
9) 荒木・前掲書310頁参照。

はない。しかし，本判決はこの点を十分顧慮したとはいえず，本件に限って異議留保付き承諾の可能性を認めたとはいえ，ドイツのような留保付き承諾の制度を解釈論上確立したとまで評価することはできない。

第一に，本判決においては，民法528条との関係がまったく論じられていない。判決は，労働者側の意思表示を承諾ではなく「新たな労働契約の締結申入れ」と解したため，とくにこの条文との関係を論じる必要がないと考えたのかもしれない。しかし，528条との関係を論じずに，判決は「日々雇用契約の更新（締結）を拒否することは許されない」としているが，改めて労働者から申し込まれた契約締結の申入れに関する諾否を表明していない使用者だけでなく，新契約に基づく訴えを提起せず，旧契約に基づく地位確認だけを提起することで，新労働条件で合意するという意思を訴訟上は示さなかった労働者にとっても，新労働条件での契約締結を強いるという無理をおかしている。

第二に，本件においては，従前の契約に基づく地位確認と賃金請求をした労働者側の訴えに基づき，地位の確認を認めたが，異議留保付き承諾を労働者がした点を考慮し，従前の労働条件が存続することを認めなかった。しかし，悪くとも変更された労働条件で雇用が存続するよう，新旧双方の契約に基づく地位確認と賃金請求を提起した場合（新契約に関する請求は予備的なものとなるだろう）と異なり，本件のように当事者が旧契約に基づく請求しか提起しなかった場合に，新契約に基づく賃金請求を認容してしまうのは，賃金請求の一部認容という論理だけでは説明できず，処分権主義に反する不意打ちにあたるといえよう（民訴法246条違反）。このように，本判決の異議留保付き承諾の判断については，訴訟法上も問題があると思われる。

結局，ドイツのような立法上の制度がある場合には，立法の効果として，雇用を維持したまま，労働条件の変更を争うことは可能であろう。これに対し，以上のような事情を勘案すると，特別の立法がないもとでは，解釈論上，承諾を解雇の解除条件と解して，解雇の効力を排除しようとしても，契約・労働条件の確定性（民法528条等）の観点から，そもそも承諾それ自体を認めることが容易ではない[10]。それは，新労働条件で一応働き続けて訴訟を提起した場合（裁判上，変更に合理性がないとされた場合に，旧労働条件での合意を改めて認定すること

が困難）にも，留保付き承諾をしたのに解雇されてしまったケースで訴訟を提起した場合（裁判上，変更に合理性があるとされた場合，地位の確認に加え，新労働条件での合意を認定することが困難。ただし，新契約に基づく訴えを予備的に提起していた場合は労働者側の意思については認定することは可能かもしれない）にも当てはまるだろう。たしかに，現在の日本の状況を考えると，新しい労働条件変更法理を必要としていることは事実であろうが，現行法を前提とする限り，雇用を維持したまま労働条件の変更のみを争う制度を解釈論上確立（創造）することは難しいと考えるべきである。

4 「労働条件の変更拒否を理由とする雇止め」の規制

本判決は，労働条件変更の合理性を認めながらも，雇止めの効力を否定した。その際，雇止めの効力を否定する論拠として，被告の経営状況が雇止めするほどではなかったとの認定に加え，労働者が「異議留保付き承諾」をしたにもかかわらず，雇止めをしたという事実を重視したことがうかがえる。すなわち，本件においては，通知書が提示された後，同年5月7日に原告らが「異議留保付き承諾の意思表示」を通知したが，それに対して被告は間髪入れずに5月11日以降の雇用関係がないという告知を行っていたからである。こうしたケースで，異議を留保して同意した場合まで解雇が許されるとすれば，使用者は常に一方的な変更ができることになるので，本件の判断はまさに正当な考え方である。また，本判決の判断枠組は，留保付き承諾を拒否した故の解雇という類型をつくって，留保付き承諾を使用者に尊重させようとした学説[11]に近いともいえるだろう。

もっとも，本件においては，以上のような事情から，「労働条件の変更申入れに同意しなかったとの理由だけ」で雇用関係を打ち切ったことが比較的明瞭であったことには留意しなければならない。判決の射程に関わっていえば，本

---

10) 山川隆一「日本の解雇法制」大竹文雄・大内伸哉・山川隆一編『解雇法制を考える』（勁草書房，2002年）24頁では，承諾の効果に関わってさらに議論を詰める必要性が指摘されている。
11) 荒木・前掲書311頁では，「留保付き承諾を表明したこと自体を理由とする解雇」として，解雇権の濫用を推定すべきだとしている。

件とは異なる状況（例えば，使用者が労働条件の変更に向けて長期間努力してきたが，労働者が同意しなかったケース）で，雇止めと労働条件変更の申入れが行われた場合に，Ⓐ本件のように，変更申入れに同意しなかったという「理由だけ」で雇止めをしたと認定し，雇止めの有効性を否定することができるのか，あるいはⒷ通常の雇止めの法理をベースとして，使用者側の労働条件変更の申入れを考慮に入れた，いわば基準の緩和された雇止め法理が適用されるのかは明らかではない。

また，本件では，結論的にⒶが採られたが，その基準として，①原告らが異議留保付き承諾という回答をしたことを重視したのか，あるいは②異議留保であろうと単純な拒否であろうと，原告らが変更申入に応じなかったことに対していわば報復的に解雇したという事情を重視したのかは必ずしも定かではない。もし，学説[12]と軌を一にして，①の事情のみを重視しているとすれば，今後，使用者が二者択一的な選択を迫った結果，労働者が留保付き承諾ではなく，単純な拒否の態度をとった場合には，Ⓑの法理を適用することになるだろう。しかし，こうした考え方は，変更解約告知が雇止め（解雇）を通じた圧力手段であるという事情や，留保付き承諾という選択肢を知らない労働者が存在する可能性をあまりに軽視したものである。労働条件の変更か雇止め（解雇）の二者択一を迫るような方法を使用者がとる限りは，労働条件の変更に対して労働者が自由に諾否できる状態ではない点を重視して，労働者が変更を拒否した場合でも，本判決が示した枠組みⒶを適用すべき余地があると考えるべきである。

5 変更解約告知の合理性基準

日本では，これまで，留保付き承諾の可否に関心が集中していたため，スカンジナビア航空事件で判断基準が示されたことがあるが[13]，労働条件変更の申込みとともになされた解雇（変更解約告知）の有効性基準はあまり明確になって

---

12) 荒木・前掲書311頁。
13) スカンジナビア航空事件・東京地裁決定では，①労働条件の変更が業務の運営にとって不可欠であり，②変更の必要性が労働者の受ける不利益を上回り，変更を拒否した労働者の解雇もやむをえないものと認められ，③解雇回避が尽くされていることという基準が提示された。

いない。評者は，この点につき，日本では雇用の継続を確定したまま訴訟を提起できるわけではないので，通常の雇止め（解雇）法理に準じて判断すべきだと考えているが，仮に労働条件の変更のみが争えたとしても，次のように解すべきだと考えており，本件の判断には疑問が残る。

　まず，本判決は，95％の従業員の同意が得られたことなどを重視して，本件変更の合理性を認めた。しかし，多くの従業員が同意したという事情は，変更の必要性を補強する事実となりうるかもしれないが，こうした事情を決定的な基準としたのでは，変更解約告知が用いられたケースのほとんどで労働条件の変更の必要性は認められてしまうであろう。変更解約告知は，個別的な労働条件に関する問題を対象とするので，他の従業員の事情をあまりに重視するのは問題である。

　また，ドイツの判例が指摘する点であるが，本来当事者の合意を通じてしか変更できない契約内容を，雇止め（解雇）という圧力手段を用いて変更を強いているという事情を軽視すべきではない。こうした手段を用いてなされた労働条件変更の審査に際しては，契約の拘束力を解除できる基準を意味する解雇法理に準じて考える必要が依然としてあると思われる。ただし，最近のドイツでは，変更解約告知の審査があまりに厳しくなってしまったために，通常の解雇よりも困難になってしまったとの批判もある。留保付き承諾が認められた場合でも，変更解約告知の審査基準をただちに緩やかに解してしまうことには賛成

---

14) 変更解約告知の判断基準については，毛塚・前掲論文15頁以下参照。
15) 学説の中には，一方で，変更解約告知を「集団的労働条件変更法理である就業規則の不利益変更法理によっては対処し得ない個別規制条件を変更する法理として位置づけ」るという見解（荒木・前掲書294頁）があるが，他方で，集団的労働条件の変更手段として位置づける見解（大内伸哉『労働条件変更法理の再構成』（有斐閣，1999年）283頁）もある。どのような基準で集団的労働条件を認定するかという問題が残されているが，変更解約告知に最後的手段の原則を適用するのであれば，他の労働条件変更手段との関係で，変更解約告知の対象が個別的労働条件であることは否定できないと思われる。
16) 変更解約告知に際して，労働組合等との協議を挙げる学説（菅野和夫『労働法』（弘文堂，1999年）454頁，毛塚・前掲論文15頁）は多いが，内容の妥当性を審査するという意味ではなく，手続的妥当性の問題として論じられてきたと思われる。
17) ドイツの判例は，当初，変更の相当性のみを問題としていたが，現判例は，解雇の必要性と変更内容の相当性の二段階で審査するとしている。拙稿「ドイツにおける変更解約告知制度の構造（2）」季刊労働法187号（1998年）81頁以下参照。

しないが，審査基準を厳格にし過ぎて労働条件変更の道を閉ざしてしまうことは，結局は解雇を容易に認めることにつながりかねない。労働条件変更法理をどう位置づけるかという観点も併せて考えてみることが必要な場合もあるだろう。

(ねもと　いたる)

---

18) vgl. Preis, Beschäftigungsförderung durch Arbeitsrecht?, in die Reform der Arbeitsförderung, 1997, S. 89ff.

フリーカメラマンの労災認定判決を契機に労働者概念を考える
――新宿労基署長（映画撮影技師労災）事件・東京高裁平14・7・11判決――

矢 部 恒 夫

（広島修道大学）

I 事実の概要

2002年7月11日、フリーカメラマン（以下「A氏」）の労災認定に関わる新宿労基署長事件で東京高判平14・7・11[1]は、A氏を労働者ではないとした東京地判平13・1・25[2]と原処分である新宿労基署の不支給処分を取り消した。その後、労基署は控訴せず、A氏の死亡につき同年12月10日、あらためて過重業務に起因するいわゆる「過労死」であるとの決定を下した[3]。

この事件は、1986年2月、映画撮影ロケに参加していたA氏がロケ先の旅館で倒れ4日後に死亡したことについての労災保険法上の遺族補償給付請求（1988年2月）に対し、不支給決定（1989年8月）があり、その審査請求（1994年11月）・再審査請求（1998年6月）ともに請求棄却となったため、東京地裁に取消訴訟が提起されたものである。

A氏は、その撮影技術と芸術性が高く評価されており、東北地方の寺の祭りを撮る映画撮影を受注したプロダクション（以下「Bプロ」）に撮影参加を要請され、1985年10月から7ヶ月間に前後3回のべ50日間のロケ旅行、120万円の報酬という契約で参加した。Bプロの社長がプロデューサー、非常勤取締役が監督・脚本を担当した。A氏には契約締結にあたって諾否の自由はあったが、ロケ旅行は集団行動で日程・場所ともに管理されていた。A氏には労務

---
1) 労判832号13頁。
2) 労判802号10頁。
3) 週刊労働ニュース1969号4頁。

提供に関する代替性はなく，A氏が推薦した撮影助手・照明技師の採用はBプロが行った。120万円の報酬はいわゆる「映画一本」についてのものであり，撮影日数の多少の変動による報酬の変更はなかったが，Bプロの定めた日当と予定撮影日数を基礎にして算定されていた。A氏は自己所有のカメラを1箇所での撮影に使用したが，他の撮影はすべてBプロの機材であった。A氏の専属性は低く，ロケ予定のない日に他の仕事に従事することも認められていた。A氏にBプロの就業規則は適用されず，報酬の支払い時期もBプロの従業員とは別であった。A氏の報酬は芸能人報酬に関する源泉徴収が行われ，A氏もその報酬を事業所得として申告していた。Bプロは労災保険料の算定基礎にA氏に対する報酬を含めていた。

II 判　　旨

1 労災保険法上の労働者

　高裁判決は，労働者性判断の前提として，その一般的枠組みを示した。すなわち，労災保険法の保険給付の対象となる労働者の意義について，同法が労基法に定める使用者の労災補償義務を補填する制度として制定されたことから，労基法上の労働者と同一のものであると解し，労基法9条から，労働者を「使用者との使用従属関係の下に労務を提供し，その対価として使用者から賃金の支払を受ける者」と解する。そして，「労働者」に当たるか否かは，「雇用，請負等の法形式にかかわらず，その実態が使用従属関係の下における労務の提供と評価するにふさわしいものであるかどうかによって判断すべきもの」であるとした上で，「実際の使用従属関係の有無については，業務遂行上の指揮監督関係の存否・内容，支払われる報酬の性格・額，使用者とされる者と労働者とされる者との間における具体的な仕事の依頼，業務指示等に対する諾否の自由の有無，時間的及び場所的拘束性の有無・程度，労務提供の代替性の有無，業務用機材等機械・器具の負担関係，専属性の程度，使用者の服務規律の適用の有無，公租などの公的負担関係，その他諸般の事情を総合的に考慮して判断するのが相当」とする。

2 結論

　A氏の映画撮影業務については，A氏のBプロへの専属性は低く，Bプロの就業規則等の服務規律が適用されていないこと，A氏の報酬が所得申告上事業所得として申告され，Bプロも事業報酬である芸能人報酬として源泉徴収を行っていること等使用従属関係を疑わせる事情もあるが，他方，映画製作は監督の指揮監督の下に行われるものであり，撮影技師は監督の指示に従う義務があること，本件映画の製作においても同様であり，高度な技術と芸術性を評価されていたA氏といえどもその例外ではなかったこと，また，報酬も労務提供期間を基準にして算定して支払われていること，個々の仕事についての諾否の自由が制約されていること，時間的・場所的拘束性が高いこと，労務提供の代替性がないこと，撮影機材はほとんどがBプロのものであること，BプロがA氏の本件報酬を労災保険料の算定基礎としていること等を総合して考えれば，A氏は，使用者との使用従属関係の下に労務を提供していたものと認めるのが相当であり，したがって，労基法9条にいう「労働者」に当たり，労災保険法の「労働者」に該当するとした。

Ⅲ　研　　究

1　1996年労基研専門部会報告

　1996年専門部会報告[4]は，1985年労基研報告[5]を踏まえて多様な職種，契約形態が存在する芸能関係者のうち，俳優・技術スタッフ（撮影，照明，録音等）について，映画やテレビ番組の製作会社との関係において労働者に該当するか否かの基準を示している。

　(1)　使用従属性に関する判断基準のうち指揮監督下の労働では，①仕事の依頼，業務に従事すべき旨の指示等に対する諾否の自由の有無，②業務遂行上の指揮監督の有無，③拘束性の有無，④代替性の有無が吟味される。

　①特定の日時・場所を指定したロケ撮影参加依頼のような具体的な仕事の依

---

4)　労旬1381号56頁。
5)　労判465号70頁。

頼，業務に従事すべき旨の指示等に対する諾否の自由は指揮監督関係の存在を否定する重要な要素であるが，契約により一定の包括的な仕事の依頼を受諾した以上，その仕事の内容である個々具体的な仕事の依頼について拒否する自由が当然制限される場合もあり，契約内容や仕事の依頼を拒否する自由が制限される程度等を考慮する必要がある。②業務の内容・遂行方法に対する指揮命令について，俳優・スタッフが実際に演技・作業を行うにあたりその細部にまで指示がある場合は，指揮監督関係の存在を肯定する重要な要素であるが，芸術的・創造的な業務に従事する者には業務の性質上その遂行方法についてある程度本人の裁量が認められるから，大まかな指示にとどまることが直ちに指揮監督関係を否定する要素ではない。③勤務場所がスタジオ・ロケ現場に指定されていることは業務の性格上当然であるから直ちに指揮監督関係が肯定される要素とはならず，撮影時間の指定・管理が場面設定との関係上，特定の時間にしか撮影ができないなど事業の特殊性によるものであれば，やはり指揮監督関係を肯定する要素ではない。監督による具体的な撮影時間・休憩・移動時間等の決定や指示に従うこと，いったん決まっていた撮影の時間帯が監督の指示によって変動した場合にこれに応じなければならないことは，指揮監督関係を肯定する要素となる。④使用者の了解を得ずに自らの判断によって他の者に労務を提供させたり，補助者を使ったりすることが認められている場合には，指揮監督関係を否定する要素となる。

(2) 報酬の労務対償性については，撮影予定日数を考慮して作品一本あたりいくらとする報酬が一般的であるが，拘束時間・日数が予定よりも延びたときに報酬がそれに応じて増える場合には，使用従属性を補強する要素である。

(3) 事業者性の有無では，①機械・器具・衣裳等の負担関係につき，俳優が自前の衣裳で演技を行う場合，それが著しく高価であれば事業者としての性格が強くなる。②俳優・スタッフの場合，報酬については比較すべき正規従業員がほとんどおらず労働者性の判断の要素とはなりにくいが，同種の業務に従事する他の者と比べて報酬額が著しく高額である場合には，事業者としての性格が強くなる。③俳優・スタッフが業務を行うについて第三者に損害を与えた場合に，当該俳優・スタッフが専ら責任を負うべきときは事業者性を補強する要

素となる。

(4) 特定の企業に対する専属性の有無は，直接に使用従属性の有無を左右するものではないが，他社の業務に従事することが契約上制約されている場合や時間的余裕がないなどから事実上困難である場合には，専属性の程度が高く，経済的に当該企業に従属していると考えられ労働者性を補強する要素である。報酬が給与所得として源泉徴収されていれば労働者性を補強する要素である。

2　地裁・高裁の判断の違い

再審査中に発表された労基研専門部会報告は，カメラマン（撮影助手・撮影技師）の労働者性を具体例として扱っており，地裁・高裁とも，その取り上げる順序はやや違うが，諾否の自由，指揮監督関係，時間的・場所的拘束性，代替性，報酬，機械・器具の負担関係，専属性，服務規律，公租などの公的負担関係を吟味した。しかし，地裁と高裁では労働者性判断が正反対となっている。その理由は，上記の諸指標の総合考慮において，どのような視点で事実関係を捉えるかにあったといえよう。事案に即していえば，A氏の芸術的力量・専門性から映画監督との間にはそもそも指揮命令関係が成立しえないとの視点に立つか，それとも労働者性を肯定しうるとの視点から事実関係をみるかの違いである。高裁は，指揮監督関係を第一に取り上げたが，映画撮影における監督と撮影技師の関係について，その実態を踏まえて捉えたかどうかの違いでもある。

地裁は，撮影技師の仕事を，監督の伝えるカメラのポジションや対象の撮り方などの基本的なイメージを忠実に表現することとし，撮影技師は，監督のイメージを把握して，自己の技量や感性に基づき，映像に具象化するのが仕事であって，<u>監督は，その仕事の細部に至るまでの指示ができる立場にはなく</u>，映画製作に関して最終決定はプロデューサーを除き監督が行うものであるが，芸術性を追求する点では監督と撮影技師は同格であり，両者は意見を出し合って議論をしながら撮影を進めていくものであるとする。これに対して高裁は，主として下線部分を変更し，監督は，必ずしも撮影技術の詳細について知識を有するものではないから，撮影技術の細部に至るまでの指示をすることはできな

いにしても，撮影技師の専門性を重視し，その裁量を尊重しながら，自己の納得が行くまで撮影技師に対して撮り直し等を指示することができ，他方，撮影技師は，監督の指示の意図するところを把握してこれに沿うように撮影をすべき義務があったとした。このことは，専門技術を有する撮影技師の撮影における裁量部分を認めた上で，監督による撮影技師に対する指示およびそれに従うべき撮影技師の義務についての関係，すなわち撮影業務における撮影技師の役割を正確に把握したものといえる。[6]

3　労働者性判断基準のあゆみ

さまざまな雇用・就業形態がある中で，解雇・賃金支払・労災認定・不当労働行為救済などに際して，裁判所・労基署・労働委員会で個別の解決が図られる。[7]実務上の必要から出される数多くの通達・回答は具体的な事例判断を越えた一般的な基準を示さない。事例に即した個別の解決という点では最高裁も同様であった。[8]

そうした中，謄写印刷会社における筆耕者についての大塚印刷所事件が，[9]労働者性判断についての一般的基準を示し，契約当事者間の労務提供については，契約形式にとらわれず，「使用者の指揮監督の下に労務提供がなされ，一般的な指揮監督下に組み込まれていると評価しうるか否か」，つまり実質的な使用従属関係の有無を吟味するべきとした。最高裁も，中部日本放送事件で，[10]楽団員の演奏契約に関してその勤務実態に踏み込んだ判断を示した。1985年労基研報告は，それまでの裁判例を整理し，判断基準と具体的適用例を示した。

これらの判断基準は，傭車運転手の労働者性を認めなかった旭紙業（横浜南労基署長）事件，[11]一人親方たる大工の労働者性を否定した藤島建設（川口労基署

---

6)　緒方承武「新宿労基所長事件・東京高裁判決について」労旬1536号10頁。
7)　　裁判例の概観は，橋本陽子「労働法・社会保険法の適用対象者（1）」法学協会雑誌119巻4号612頁以下。
8)　　山崎証券事件・最一小判昭36・5・25民集15巻5号1322頁，大平製紙事件・最二小判昭37・5・18民集16巻5号1108頁。
9)　東京地判昭48・2・6労判179号74頁。
10)　最一小判昭51・5・6労判252号27頁。
11)　最一小判平8・11・28労判714号14頁。

長)事件[12]，大学病院研修医の労働者性を肯定した関西医大事件[13]など，学説・判例においておおむね受け入れられている。もっとも，具体的事例における労働者性の判断，使用従属性ないし使用者の指揮監督下の労働かどうかが吟味される際，ある指標に絶対の重みがあるわけではなく，さまざまな指標が相互にからみつつ補完しあっているが，こうした判断を必要とする背景を理解することが重要である。

4 労働法の目的と労働者概念

労働者概念は，労働法の適用対象を確定するために必要であり，行政も裁判所もそのための努力を重ねてきている。しかし，個々の労働法規・条文ごとに労働者概念があっていいとはいえない。労働法には一つの共通の目的があり，その目的にかなった法規が労働法である。労働法を適用されるべき労働者については，抽象的一般的な労働者概念がまずあって，その全部または一部を適用対象とするような法規や条文が現実には存在していると考えるべきである。

働くこと，すなわち労働は，法的には労務の提供である。相手方の望む内容の労務は，自らが生身の人間として，その精神的・肉体的エネルギーを消費することによってのみ提供できるものである。時間を限ってのみ，しかし，その時間だけは，相手方の要求する労務に従事しなければならない。そこには当然，労務に関する指揮命令監督の関係が生じる。それは人間関係であって，労務を提供する側に選択の自由が無いか，無いに等しく制約されているときは，当事者間に上下・強弱の関係が生じる。この意味での選択の自由の制約は，対価としての報酬が生活・生存にとって不可欠の手段であるときには，より強くなる。そして，今日の社会における労働は，まさにこのような制約のもとに行われている。

労働法の目的は，こうした状況にある労務提供者（労働者）の生存権を保障するために（憲法13条，同25条），人間として生活するための最低条件を法律で定めること（憲法27条，労基法1条），力関係に格差のある相手（使用者）との関

---

12) 浦和地判平10・3・30訟月45巻3号47頁。
13) 大阪高判平14・5・9労判831号28頁ほか。

係をより対等に保つための集団（労働組合）の結成とそれを通じた相手との交渉，その結果としての労働条件の改善を権利として保障するものである（憲法28条，労組法1条）。

労働者概念とは，こうした使用者・労働者という関係性によって成り立つ概念であり，これが使用従属関係である。単に相手の指示に従うというものではなく，こうした関係の中で相手の指示に従わざるを得ない状態をいう。そこでは，契約形式や当事者の意思は考慮されず，客観的に両者の関係を吟味することにより，一方が使用者，他方が労働者と決定される。

すべての者に労働者になるきっかけが用意されているが，すべての者が労働者になるわけではない。労働者であるかどうかには流動性がある。しかし，いったん労働者となったとき，すなわち，使用従属関係に入ったときには，法規や条文により部分的に適用されないことがあるにしても，労働法が全体として適用される地位・資格を獲得することになる。

労務を提供する各種の契約の締結・履行・解消における当事者の意思は重要であるが，その真意性の吟味が必要であるとともに，雇用・就業形態を誰が決定するかも重要である。委任や請負による労務提供を提示するのは誰か，それは使用者である。ここにも使用者・労働者間の力関係における格差または選択の自由の制約がうかがえる。もっとも，経済的利益や時間的自由度が考慮された形態を選択することも否定されるべきではない。問題は，その選択が自由に行われる状況にあるかどうかである。

したがって，使用従属関係の指標としての人的従属性と経済的従属性の複合的理解を基礎としながら，判断基準のあてはめやその総合判断にあたって，労働法の目的を考慮すること，労務提供を目的とする契約の締結・履行・解消における状況を吟味することが必要である。

労働法は今日まで労働者という人間の尊厳を守り，その精神的・肉体的損害を少なくすることを役割としてきた。労働者の生活は向上し，労働時間は短縮され，賃金は上昇した。他方で使用者の権限・自由を規制し，使用者にコスト負担を強いてきた。労働法が国民の大多数を占める労働者層の人権尊重と生活向上をめざす限りは，この傾向は今後も引き継がれるべきである。しかし，そ

うした規制と負担から逃れようとする欲望があることも否定できない。使用者がそのコスト削減を目的として，労働力は必要だが，請負や委任の形式を「選択」させることがその例である。この場合，そうした選択をした使用者，そして労働者から選択の自由を奪っている使用者の責任が問われなければならない。事業運営上不可欠な労働力の調達方法として，一方で労働法的規制がある中で，あえてその規制から逃れる方策（非労働者化政策）を採ることの責任である[14]。

　こうして，労働者概念の中核部分はもちろん，その周辺部分（いわゆるグレーゾーン）の「労働」者についても，労働法の適用が必要となる。労働法の適用を逃れようとする動きはもちろん，その契約形式や当事者の意思といった仮装のベールの下にある実質的な就業関係に着目する必要がある。

　このことに関して，労働法の適用対象としての労働者概念を狭く厳格にとらえ，それからはみ出る部分は特別法または行政指導に委ねるべきとの主張[15]には賛成できない。労働者を労働者でなくする動きを追認することになるからである。もっとも，その方向性が労働法の目的に適っているならば，現状救済の方策として受け入れる余地がないわけではない[16]。しかし，現在の労働政策は，規制緩和の大合唱のなかで，労働法の存在意義をますます弱くする方向に向かっている印象を強く受ける。憂慮すべき事態である。

　本件は，労務の提供における芸術性や技術面での要請から労務提供者の裁量の範囲が大きく，また，映画制作のため一時的に作業集団が結成されていることから，独立自営業者による請負契約として判断されがちな事例であるが，撮影技師の労務提供が映画制作に不可欠であり，かつ，その撮影内容における監督の指揮命令とそれに従う義務の存在が正当に認定されたものと評価できる。

（やべ　つねお）

---

14) 吉田美喜夫「雇用・就業形態の多様化と労働者概念」学会誌労働法68号39頁以下。
15) 柳屋孝安「非労働者と労働者概念」『講座21世紀の労働法1』（有斐閣）145頁。
16) 芸能実演家の法的地位の向上に関しては，労旬1537号。

〈追　悼〉

畏友・山本吉人君の急逝を悼む

東京都立大学名誉教授　籾井　常喜

　本学会の元代表理事で茨城大学名誉教授の，畏友・山本吉人君が昨年12月12日の夕方虚血性心不全で急逝した。10月6日に山口大学で開催された本学会第104回大会で会い，また数日前には少し酔った声で電話がかかってきたばかりだった。2日前には「山本セミナー」の企画でエイデル研究所に立ち寄り，大塚智孝君と談笑していったばかりだったともいう。実はそのような山本君の近況を話題にしながら，ゴルフ場から大塚君の車で帰宅したところ，待ちかまえていた妻から玄関先で「山本さんが亡くなったという電話が息子さんからあった」と告げられ，わが耳を疑った。「山本って吉人ですか」と聞き返す大塚君。そのまま大塚君の車で新宿の東京医大病院へ駆けつけ，白布で顔を覆われ横たわる山本君に会い，厳粛な死の現実を見せ付けられた。白布からはみ出た見慣れた白髪が印象的だった。奥さんの話では，2度目の散歩から帰ってきたところで倒れたらしい，とのこと。学会の折，階段の上り下りに少し難渋している様子を見て「散歩して足腰を鍛えなきゃ駄目だよ」と，今となると余計なことを言ったと後悔させられている。それにしても，「山本セミナー」の企画の相談にしろ2回にわたる散歩の実行にしろ，新たな仕事との取り組みに向けての意欲が感じ取れるだけに，その矢先の急逝で，さぞ無念だったろうと思わずにはいられないところである。

　私たちの出会いは，1953年4月に早稲田大学大学院法学研究科に入学したときに始まる。民事法学専攻労働法専修で，野村平爾先生が指導教授で，沼田稲次郎先生や松岡三郎先生も講師として来講されていた。労働法専修の同期生は10人いたが，そのうちの3人が中央大学出身者で，山本君と大塚君もそうだった。私は早稲田大学出身で，2人とは全く面識がなかったが，ジャンパー姿の私に読書室の前で声をかけてきたのは少し大きめの三つ揃いの背広を着た山本君だった。コンパの誘いだったが，彼の手配した高田牧舎の別館で，野村先生と沼田先生を囲み，初めてビールを飲み交わした。それから49年。何十回いや何百回ビールを飲み交わしたことか。その飲み会にあってはもちろん，何をするにせよ共同行動をとるようになったのが山本・大塚・籾井のトリオであった。

筑豊炭田に隣接した町の私の生家を拠点にして，3人でいくつかの炭鉱を回り，当時野村先生が関心を寄せられていた「経営参加」に関する聞き取り調査をしたこともあった。

1955年4月に山本君と私の2人が博士課程に進んだが，山本君はその年に結婚し，2年後には茨城大学に就職し，居も水戸に移した。私は1959年12月に東京都立大学に就職し，生活の場を異にするようになったが，総合労働研究所に就職し「季刊労働法」の編集を担当するようになった大塚君を媒介にして，相変わらず一緒に飲みかつからかい合う機会を持ち続けることができた。そして，その3人のうちの誰かに対し野村先生か沼田先生が怒っているという情報が入ると，3人うちそろって先生のお宅に伺い，一緒に説教を受けたものである。

当時は，高度経済成長を背景に，組合運動が盛り上がっていた時代だっただけに，組合活動法理や争議行為法理などの労働組合法論に労働法学の理論関心が向けられていた。そういう理論状況のなかで，山本君は，ほとんど未開拓のまま放置されていた労働基準法の研究に取り組み，1970年には相次いで，大塚君の肝いりで，総合労働研究所から『雇用形態と労働法』と『労働時間制の法理論』を刊行した。それは，高度経済成長の終焉・組合運動の低迷化に伴いその後顕在化した，労働法学の労働組合法論から労働基準法論への理論関心の移行の動向に先鞭をつける学説史的意義を誇示しうるものであった。現にそのことを山本君自身が自慢していたところでもあった。1979年に早稲田大学から法学博士を授与されたが，その審査対象論文が上記の2著作を中心とする労働基準法論であった。。

その山本労働法学の主柱をなした①労働基準法論（この系譜のその後の著書としては，例えば1984年に産業労働調査所から刊行された『現代労働基準法の課題と改正問題』）と並んで，支柱的位置を占めたのが②官公労働法論（この系譜の著書の1つが1976年に総合労働研究所から刊行された『官公労働法入門』），③「労働組合の組織・運営」論（その系譜の代表的著書が1979年に総合労働研究所から刊行された『労働組合の組織と運営』），そして④不当労働行為・労働委員会論（その代表的著書が1992年に有斐閣から刊行された『労働委員会命令と司法審査』）であった。

その多面・多岐にわたる山本労働法学の足跡に共通する方法論上の特徴は，①労使関係の現実の実証的把握を土台に，②裁判例・労働委員会命令・行政解釈例の検証を媒介にして，③労使間の利益の均衡を図る方向での，④実務的解決策を提示する，というところにあった。それだけに，彼の著作は，実務的解決策を誘導するに必要な，実例と裁

追 悼

判例・労働委員会命令・行政解釈例の豊富な引用とわかりやすい解説でもって構成されていたところに特色があった。だからまた，全国の多くの企業の，しかも労使双方の労務・法規対策の実務担当者の信頼を確保しえたのであろう。実務の手引書として広く購読・活用されたゆえんである。それに加えての話術の巧みさが，彼をして全国の多くの企業の労使双方の従業員・組合員研修の講師たらしめたのでもあろう。そのような山本君の労働法学者としての生き方は，私のように，自己の理論的立場と主張を前面に打ち出し，「仮想敵」と論争することを通じて理論的補強を図ることにより，それなりの自己完結的な理論体系を構築するところにこそ学者の使命がある，という考えにたつ理論志向とは対照的であった。

　30年間の茨城大学に引き続く12年間の法政大学での教員生活と並んで，山本君の人生を彩ったのは，39年間という長期にわたっての茨城県地方労働委員会の公益委員としての活動であった，といえよう。初めて選任されたのが1965年というから，助教授時代の36歳の頃。今では想像もつかないだろうが，公益委員になることじたいが，少なくとも野村門下ではありえないことだっただけに，彼にとっての難問は野村先生と沼田先生の了解を取り付けることであった。そこで自らが提示したのが，「1期だけやらせてください」であった。でもその約束は連続の再任の事実でもって反古にし，1981年以来の会長職のまま彼岸に旅立ってしまった。彼岸で待っている両先生に，彼一流の話術でもってどう釈明しているのだろうか。

　その話術の巧みさとバランス感覚の良さとが山本君を語るにあたっての定評であったし，それゆえにこそ地方労働委員会公益委員として再任され続け，労使双方からの信頼を集めてきたのでもあろう。でもその山本君の長所は，仲間内では融通無碍そのもので，相手によっては針小棒大に面白可笑しく脚色し喧伝するという得意技として発揮された。その得意技でどれほどかき回され，どんなに笑わせてもらったことか。

　山口大学での労働法学会の折，2人分の旅行鞄を背負ったお嬢さんの圭子さんに付き添われて，早めに会場を後にする山本君が，まさかそれが最後になろうとは夢思わず送り出す私に残した言葉は「東京で飲もうよ」だった。でも，その機会は永遠に絶たれてしまった。

　「お前たちが死んだら俺が葬儀委員長を引き受けるからね」というのが酔ったときの山本君の口癖だったが，逆に私が彼のための弔辞を読まなければならないことになってしまった。法政大学の金子征史教授を葬儀委員長に，12月15日午後5時から通夜，翌16

日午前10時30分から告別式が，中野区本町の福寿院で執り行われた。野村先生と沼田先生の奥さまをはじめ，友人，教え子，労働法学会会員，労働委員会関係者，大学関係者，企業・組合関係者等々，いろいろの分野から多数の方々が参列していただいた。彼が還暦を迎えた時に大塚君が市ケ谷の著名な写真館に連れていき撮ったという，日頃の大人の風格のある柔和な彼の顔を見上げたとき，予期せずに，弔辞を読み始める声がくぐもりかすれてしまった。「思い出を語ればきりがありません。いずれ君の後を追うことになるでしょうが，今は万感をこめ送り出します。さようなら。そして，長年の厚き友情にお礼を申し上げます。ありがとう」。これが，私の精一杯の別れの言葉だった。

なお，山本君の急逝に当たっての対応策・葬儀の準備・執行の一切を執り仕切ってくれたのは法政大学の浜村彰教授であった。また，通夜・告別式の裏方の万端を引き受けてくれたのが，法政大学のOB会員や大学院学生会員であった。故人の友人として心からのお礼を申し上げる次第である。

〈追　悼〉

窪田隼人先生を偲ぶ

立命館大学教授　吉田美喜夫

　日本労働法学会第104回大会（山口大学・2002年10月6日）の会場で窪田隼人先生が9月29日に肺がんのため亡くなられたことを伝え聞いた。3月10日に開かれた天野和夫先生（元立命館総長）の追悼文集の出版記念の集いで先生にお会いしているので，半年余りの間に，思いもよらぬ変化があったことを迂闊にも知らなかった。実は後で奥様に伺ったところでは，先生のご遺志により，病気のことを知らせなかっただけでなく，葬儀も近親者のみで行い，関係縁者には初七日を過ぎてから知らせるよう取り計らわれたということであった。そのような事情があったとはいえ，30年余に亘り直接ご指導を受けたものとして，お見舞いすら欠いたことを恥じもし，また，心残りであった。山口大学での学会期間中，ずっと先生のことを考え続けていた。

　ところで，先生は，1924年9月，山口県大島郡大島町でお生まれになり，同郡小松尋常小学校，山口中学校，山口高等学校を経て，1943年に京都帝国大学法学部に入学された。学業半ばにして一時軍隊に召集され，戦後，1947年に京都大学を卒業された。その後，関西経営者協会事務局勤務を経て，1951年に大阪府立大阪社会事業短期大学の講師に迎えられ，助教授，教授を歴任された。そして，1964年，立命館大学法学部教授となり，法学部長なども歴任された。立命館大学を1989年3月に退職後，京都学園大学に移られ，同大学での法学部の創設に関与された。そして，学部長や理事などを歴任され，1998年3月，定年により同大学を退職された。以上のような職歴の他，1970年11月から1985年8月まで，京都府地方労働委員会の公益委員として不当労働行為事件や労働争議の解決のために尽力された。なお，先生は，立命館大学馬術部の部長を長年務められた。なぜ先生と馬が結びつくのか不思議に思っていたのだが，軍隊で大砲の運搬を担当する部署に配属され，そこで大砲の台車を牽くために使う馬の扱いに習熟された，という事情を先生から伺ったことがある。

　先生は，労働法研究者のいわゆる戦後第2世代に属された。この世代の労働法研究者の一人として，先生は，戦後民主化の過程で労働法が形成され，労働運動も発展する中で，それと密接に関連させながら労働法学を構築していく課題に取り組まれた。その場

合、常に労働者の生存権の具体的実現を理念としつつ、実際の労働現場から提起される問題を理論的に解決しようとする問題意識の下に研究された。その研究対象は労働法・社会保障法の全領域に及んでいるが、最初の勤務校が大阪社会事業短期大学であったこともあり、最も初期の論文は社会保障法に関するものであった(「親族的扶養と生活保護法上の保護」社会問題研究3巻1号(1953年))し、労働法だけでなく社会保障法の講義も担当されていた。しかし、あえて先生の主な研究分野を挙げるとすれば、①労働判例研究、②懲戒権論、③労災補償法論、④不当労働行為論の4つであったように思われる。以下、労働法文献研究会編『文献研究労働法学』(総合労働研究所・1978年)、籾井常喜編『戦後労働法学説史』(労働旬報社・1996年)なども参照しつつ、先生の研究の特徴を振り返ってみたい。

　第1の労働判例研究は、どの業績にも共通した特徴であり、情熱を傾けられた研究方法でもあった。「民商法雑誌」に自らも編集委員として関わりつつ、多くの判例研究を発表されてきたし、労働法律旬報などにも、多数の判例・命令の動向について紹介論文を書かれている。そして、判例を扱った著作には、『職場の労働判例——団体交渉編』(労働旬報社・1975年)、『配転・出向・一時帰休』(労働教育センター・1978年)などがあるが、代表的には、橋本敦弁護士と共著の『労働裁判/判例の理論と実務』(労働旬報社・1968年)がある。本書は740頁にも及ぶ書物であるが、労働者の権利の具体化のための闘争がどのように展開されてきたか、という視点から戦後20年余の間の労働判例を整理・分析されている。このような作業は、先生も「はしがき」(後掲追補版)で書いておられるが、強い忍耐と地味な努力を必要とする。もとより、このような努力は研究一般に共通しているが、先生の人柄に合致したお仕事だったように思える。なお、その後、本書の追補版として、『追補・労働裁判/判例の理論と実務』(労働旬報社・1971年)を出されている。これは、全逓東京中郵事件・最高裁10・26判決までを扱った前著以降の裁判例を扱ったものであり、これによって、1971年はじめまでの労働判例の動向を知ることができる。

　第2の懲戒権論については、「懲戒権の根拠と限界」(『権利の濫用・下』(有斐閣・1962年)所収)、「官公労働者の懲戒処分と最高裁の論理」労働法律旬報778号(1971年)、「技術革新・能力主義管理下の職場規律と労働者の権利」労働法律旬報787号(1971年)等があるが、主著は『職場規律と懲戒』(労働法実務大系10)(総合労働研究所・1970年)である。懲戒権の法的根拠に関する議論は、周知のように、1950年代後半の「懲戒権論争」を経て60年代の後半には理論的関心の低下が見られるが、70年代に入ってから再び懲戒権論の総括的検討が始まることになる。先生の業績の内の『職場規律と懲戒』は、この総括的検討が行われる時期の、しかも、その最初の業績として位置づけられるものである。懲戒権の法的根拠に関する先生の理論的立場は、労基法89条、91条などの要件を具

追悼

備する限り，就業規則による使用者の懲戒権の設定を認めるものであり，片岡昇先生と同じく，法規範説の系列に含まれる「授権説」であったが，本書では，このような理論的立場を基礎にすえながら，それまでの判例・学説を集大成されている。本書は，懲戒権に関する最もまとまった研究の一つとして，今日まで参照され続けている。この研究の特徴は，それまでの研究が懲戒権の法的根拠という理論的研究に関心が向けられる傾向が見られたのに対し，職場規律自体の究明も含め，その両者の総合的研究を試みられた点にある。懲戒処分は職場規律の違反に対する制裁という形で具体的に問題となるから，「実務大系」の1巻としての本書で採られた先生のアプローチは適切だと考える。本書でも，多数の裁判例が分析されており，先生の研究方法が活きている。

第3の労災補償法の分野での代表的な研究に，「災害補償と争訟」社会問題研究6巻1号（1956年），「災害補償と損害賠償」季刊労働法27号（1958年），「労災補償の今後の課題」（現代労働問題講座第6巻（有斐閣・1966年所収），『現代の労働災害と職業病』（共著）（労働旬報社・1967年），「労働災害と職業病」賃金と社会保障425号（1967年），「労働災害と補償」（『法学基礎セミナー第1巻』（有斐閣・1970年）所収），『現代の企業災害』（編著）（有斐閣・1973年），「労働災害」（『新労働基準法論』（法律文化社・1982年）所収），「労災補償の本質」（『労働災害補償法論』（法律文化社・1985年）所収。なお，本書は，先生の還暦を祝して編まれた記念論文集である）などがある。ところで，周知のように，労災補償の法的性格をどのように把握するかの議論において，市民法への批判・修正の下に成立する労働法の一環として把握する立場と，労働者の生活保障を目的とする社会保障法の一環として把握する立場の論争があった。この対立の基礎には，労災補償の制度上の発展と使用者の責任を明確化することのいずれに力点を置くかの差異があったといえるが，先生は，労災保険の生活保障的機能が強化されていることは認めつつも，あくまで労働災害に対する使用者の固有の責任を曖昧にしないことの必要を強調され，労災保険を社会保障の中に埋没させることを批判された。

先生の研究分野の最後に，不当労働行為に関する研究がある。これは，1970年から1985年まで労働委員会の公益委員をされていたことと関係がある。先生は，労働委員会に救済申し立てが行われるたびに，そこに含まれている理論上の問題を一般的なテーマとして考察し，研究成果として発表することを常とされていた。このような成果に，「『救済命令』をめぐる若干の問題」季刊労働と経済41号（1974年），「『条件付救済命令』の適否」立命館法学116・117・118号（1975年），「労働委員会の審査遅延」ジュリスト651号（1977年）などがある。立命館法学の論文は，不当労働行為に対する救済命令の類型の一つとしての条件付救済命令に関するものである。具体的には，陳謝文の提出など労働者側に不利益となる条件を救済命令に付すことの可否という問題である。この問題について，先生は，不当労働行為の原因に労働者側の違法ないし不当な言動があっても，

窪田隼人先生を偲ぶ

それは不当労働行為が成立するか否かの段階までのものであり、いったん不当労働行為の成立が認定されれば、それに対して必要かつ相当な具体的救済が図られねばならないのであって、労働者側の言動は救済内容とは無縁のものである、として条件付救済命令に否定的な見解を明らかにされた。また、ジュリストの論文は、労働委員会での不当労働行為の審査遅延という年来の問題について、それを原理的に検討しているだけでは解決は図れないということを、まさに公益委員としての体験に基づいて主張されたものである。その内容は、それまでの議論の整理が中心であるが、もはや議論の段階ではなく、すでに出されている各種の改善提案を実行すべき段階にあるということを、苛立ちを込めて主張されているように感じた。これこそが実務を通じて感じられていた点なのであろう。今日、不当労働行為が争われる事例は減少し、他方で個別的労使紛争が増大している。しかし、集団と個人の違いはあっても、労働者の権利の実現が焦点であることに違いはない。先生の「苛立ち」を解決する課題は、なお継続しているといわねばならない。

私は、立命館大学法学部時代、民法演習（荒川重勝先生）に所属していたことと労働法の講義の担当が浅井清信先生であったことから、先生の社会保障法の講義は聴いたものの、直接、接する機会は無かった。そこで、大学院に進学するにあたり、荒川先生を通じて指導のお願いをし、快く引き受けていただいた。私以外に労働法を専攻したものがいなかったので、毎週の講義は先生と一対一であった。先生の指導方針は「自由放任」に近かったので、私の方から常に議論の材料を提出する必要があった。これには苦労したが、お陰で勉強の方法が身についた。このような「ゼミ」のあと、決まって先生は、「吉田君、これから暇か？」と聞かれた。「時間はあります」と答えると、「それじゃあ、家へ行こう」といわれた。私は、バイクに乗っていたので、先生が帰宅される頃を見計らって吉田山の裏に位置するお宅に伺った。そして、ビールを飲みながら夜半まで話し続けた。奥様は、お酒は飲まれないのに、この会話に付き合っていただいた。本当にお世話になったと改めて思う。先生は、ことのほかビールがお好きで、小さいグラスで長時間飲むタイプであった。「ゼミ」では先生から率先して話が出ないのだが、ビールが入ると事情が変わった。このような機会に専門の話が聴けた。もちろん、小宴の後、私は下宿までバイクを牽いて帰った。

もう一つ、思い出に触れれば、先生に『配転・出向・一時帰休』という本があるが、これは伊豆の温泉に1週間ほど逗留して執筆されたものである。私は、その時お手伝いに同行した。滞在中、日に何度も温泉につかり、先生と議論しながら作業をした。私は朝が弱いのだが、何時も目覚めるとすでに先生は浴衣姿で座敷机に向かって原稿を書いておられた。その背筋の伸びた姿を今でも思い出す。あのような楽しい時間を持てることはもう無いと思う。

日本学術会議報告

西　谷　　　敏

(日本学術会議会員，大阪市立大学)

1　日本学術会議のあり方

　日本学術会議のあり方について検討してきた総合科学技術会議は，今年2月26日，見解をまとめて発表した (http://www8.cao.go.jp/cstp/siryo/haihu25/siryo2-2.pdf)。それは，基本的には，同会議の下に置かれた「日本学術会議の在り方に関する専門調査会（石井紫郎会長）」が昨年10月に発表した「中間まとめ」の内容に沿うものである。昨年12月19日の専門調査会では結論が出ず，その後委員が相当数入れ替わったために，最終報告まで相当の時間を要するとの観測もあったが，意外に早い時期に，専門調査会の最終報告が決定され，総合科学技術会議の結論となった。

　まず，日本学術会議は，科学者のコミュニティを代表する組織として社会との関係での重要な役割をもつとされ，科学者が長期的，総合的，国際的観点から行政や社会に提言するという機能が発揮されることが期待されている。内閣府にある総合科学技術会議との関係については，科学技術活動の評価などの面で同会議と連携し，かつ役割を分担しつつ，「車の両輪」のごとく科学技術の推進に積極的に寄与していくべきものと位置づけられた。

　昨年12月の専門調査会で最大の争点となった日本学術会議の設置形態については，本来は国から独立した法人となることが望ましいとしつつ，それについてはなお慎重に検討する必要があるので，当面は現行どおり国の特別の機関の形態を維持し，その他の改革を実施したうえで，改革の進捗状況を実証的に評価して今後10年以内に在り方を検討する，ということになった。専門調査会では，独立行政法人化や民営化の意見が強く，早い時期に設置形態の変更が決定されるのではないかと考えられていたが，結局，二段階の改革がなされることになり，当面は現在の形が維持されることになったわけである。なお，日本学術会議の所管を現行どおり総務省とするか，内閣府とするかについては，関係府省庁間の折衝が続いているようである。

　以上は，基本的にこれまでの日本学術会議のあり方を認めるものであるが，いくつかの点で，かなり大幅な改革が求められている。たとえば，①会員の選出方法は，現在のような学会選出をやめ，現会員による推薦（いわゆる co-optation）

を基本とすること，②その場合には，現在のように会員が一斉に交替する「期制」は適当でなく，他方，硬直化を避けるために，定年制や会員ごとの任期制の導入を検討すること，③現在の7部制（文，法，経，理，工，農，医）を廃止して，文科系，理科系の2部門制または文科系，理工系，生命科学系の3部門制への改組などを検討すること，④会員の他に連携会員をもうけ，さらにそれ以外に，課題や活動に応じて会員以外の科学者の協力体制と構築すべきこと，したがって，現在の研究連絡委員会の制度を大幅に見直すこと，⑤学術会議の政策提言機能，自発的意見表明機能，調査研究機能などは強化すべきであるが，研究助成機能は担うべきでなく，そのため現在学術会議が行っている科学研究費補助金審査員の推薦については見直すこと，などである。

　以上のような方向が決まるのが遅かったことから，当初考えられていたような18期会員の任期延長はなされず，本来の制度のとおり19期に移行することとなった。

2　第19期会員選出

　日本労働法学会は，昨年10月の理事会で，第19期の会員候補者として浅倉むつ子理事を選出した。推薦人としては，山田事務局長と私が選ばれ，5月の推薦人会議に臨むこととなった。

3　シンポジウム「ジェンダーと社会法」

　社会法研究連絡委員会は，委員の林弘子会員のご尽力で，昨年11月に福岡県女性センターにおいて「ジェンダーと法」のテーマでシンポジウムを開催した。内容は，労働法，社会保障法，スポーツ法，ドメスティック・バイオレンスと多岐にわたっていたが，活発な議論が展開され有意義であった。このシンポジウムの内容は，労働法律旬報1543，44号に掲載されているので，ご参照頂きたい。

4　シンポジウム「法科大学院設置後の法学・政治学研究者養成」

　学術会議第2部では，法科大学院問題に関係していくつかのシンポジウムを開催してきたが，18期最後のとりくみとして，この4月1日に，標記のシンポジウムを開くことになった。内容は，法科大学院問題に関する総論報告に続き，実定法，基礎法，政治学の各分野から問題提起を受け，さらに，アメリカ，フランス，ドイツの研究者養成についての報告を聞いて，議論することになっている。

5 おわりに

　私は，日本労働法学会から推薦されて，17期と18期に会員を務めさせて頂いた。学術会議の存続そのものが問われる激動期であることもあって，かなりハードな仕事であったが，皆様のご協力も得て，なんとか7月の任期満了まで務められそうである。浅倉候補が無事会員に選出され，学会を代表して活躍されることを期待している。

◆ 日本労働法学会第104回大会記事 ◆

　日本労働法学会第104回大会は，2002年10月6日（日）山口大学において，「公務員制度改革と労働法」を統一テーマとして開催された（敬称略）。

1　統一テーマ「公務員制度改革と労働法」
　　司会：中嶋士元也（上智大学），和田　肇（名古屋大学）
　　「公務員労使関係法制の改革と公務員の法的地位」
　　　　清水　敏（早稲田大学）
　　「公務員制度の多様化・柔軟化」
　　　　川田　琢之（東海大学）
　　「行政機関の多様性と労働条件決定システム」
　　　　渡辺　賢（帝塚山大学）
　　「公務員労働団体の代表法理——公務員の労働条件決定システム」
　　　　道幸　哲也（北海道大学）
　　コメント「行政法学の立場から見た公務員制度改革」
　　　　晴山　一穂（専修大学）

2　総　会
　1　1）萬井企画委員長より，第105回大会および第106回大会について報告がなされた。内容は以下の通り（敬称略）。
〈第105回大会（2003年5月11日（日），於駒澤大学）〉
《個別報告》
　　山下昇（久留米大学）「中国における雇用の流動化と労働関係の終了」
　　斎藤善久（日本学術振興会特別研究員）「ベトナムの市場経済化と労働組合」
　　皆川宏之（京都大学大学院）「ドイツにおける被用者概念と労働契約」
　　寺山洋一「労働関係の内閣提出法律案に対する修正に至るまでの立法的な過程について」
《特別講演》
　　高木剛（UIゼンセン同盟会長・連合副会長）「司法制度改革と『労働』」
《ミニシンポジウム》
　　テーマ「労働契約法の新潮流——独仏の新制度をどうとらえるか」
　　報告者　奥田香子（京都府立大学），根本到（神戸商船大学），野川忍（東京学芸大学）

　　　　テーマ「労働条件変更法理の再構成」
　　　　報告者　川口美貴（静岡大学），古川景一（弁護士）
　　　　テーマ「契約労働をめぐる法的諸問題」
　　　　報告者　小俣勝治（青森中央学院大学），鎌田耕一（流通経済大学），永野秀雄
　　　　（法政大学）
　〈第106回大会（2003年11月3日（月／祝日），於関西大学〉
　　　　テーマ：「雇用政策法をめぐる諸問題（仮）」（清水・諏訪理事担当予定）
　　２）有斐閣『講座21世紀の労働法』からの収益を学会の活性化に資するため
　　　いかに活用すべきかについて，企画委員会で今後検討することが報告され
　　　た。
　2　学会誌について
　　１）査読関係について
　野田査読委員長より，査読結果について報告がなされた。また，学会誌104号の
査読委員長に和田理事が就任する旨の報告がなされた。
　　２）学会誌等について
　盛編集委員長より，以下の報告がなされた。
　　①　学会誌99号は売れ行きが好調であり，100部増刷した。100号は記念号とし
　　　て1号から100号までの総目次をつけたため，標準価格3300円より100円高い
　　　3400円になった。
　　②　学会誌の装丁等の見直しを検討中であり，101号から刷新する予定である。
　　③　日本複写センターから，「投稿規程」・「執筆依頼」中に，複写に関する権
　　　利を学会に委任する旨の執筆者向けの条項を盛り込むよう要請されており，
　　　規程等の改訂を予定している。

　3　日本学術会議および第19期会員候補者と推薦人の選出について
　西谷理事より，以下の報告がなされた。
　　①　現在，日本学術会議の見直しが検討されているが，「総合科学技術会議」
　　　設置の「日本学術会議のあり方に関する検討調査会」中間報告において，日
　　　本学術会議は，今後も，国際交流活動，政府に対する提言，科学的知見の普
　　　及等の役割を担うものであるとされた。ただし，その設置形態は独立行政法
　　　人になる可能性がある。
　　②　第19期会員候補者・推薦人について，日本労働法学会推薦の会員候補とし
　　　て浅倉むつ子会員を選出したこと，また推薦人として西谷敏会員・浜村彰会
　　　員・山田省三会員を選出したことが報告された。

4 国際労働法社会保障学会について

荒木理事より，以下の報告がなされた。

① スウェーデン（ストックホルム）で第7回ヨーロッパ地域会議が2002年9月4日から6日まで開催された。
② 同前日理事会で，オーストラリアの代表組織が労使関係の研究者組織から労働法の研究者組織へ変更になることが承認された。
③ 次期国際学会会長候補者として，アメリカのクライド・サマーズ教授（ペンシルバニア大学）が選出され，2003年の第17回世界会議の総会承認を経て会長就任予定である。
④ 規約改訂作業の原案が2003年の世界会議総会に提案される予定である。
⑤ 第17回世界会議が2003年9月3日から5日までウルグアイ（モンテビデオ）で開催される。第1テーマ「団体交渉の当事者」について諏訪康雄会員（法政大学）がジェネラルレポートを，第2テーマ「労働法と基本的人権」について和田肇会員（名古屋大学）がナショナル・レポートを，第3テーマ「失業者の社会的保護」について大内伸哉会員（神戸大学）がナショナル・レポートを担当する。
⑥ アメリカ地域会議はメキシコ（メキシコ・シティ）で2004年9月13日から16日まで開催予定，ヨーロッパ地域会議はイタリア（ボローニャ）で2005年9月20日から23日まで開催予定，アジア地域会議は2005年に台湾（台北）で開催予定である。

5 入退会について

山田事務局長より，退会者17名，および以下の12名の新入会員が理事会において承認された旨報告がなされた（50音順，敬称略）。

　　石黒考明（財団法人日本体育協会）
　　一村大輔（（株)有斐閣）
　　江口隆裕（筑波大学）
　　小野寺誠（広島大学大学院）
　　龔敏（九州大学大学院）
　　國武英生（北海道大学大学院）
　　常凱（九州大学）
　　丹上洋子（広島大学大学院）
　　三浦保紀（北海道大学大学院）
　　向田正巳（九州国際大学）

村松洋介（筑波大学大学院）
　　牟禮大介（弁護士）

 6　その他
2002年11月実施理事・監事選挙選挙管理委員は，下記の理事および会員が担当することになった。
　　林和彦理事（日本大学），沼田雅之会員（法政大学），原俊之会員（横浜商科大学），平澤純子会員（日本学術振興会），水野圭子会員（法政大学）

◆ 日本労働法学会第105回大会案内 ◆

1　日時　2003年5月11日（日）午前9時20分〜午後5時
2　場所　駒澤大学
　　　　〒154-8525　東京都世田谷区駒沢1-23-1
　　　　電話　03-3418-9386（藤本茂研究室）
3　個別報告・特別報告・ミニシンポジウムの内容（敬称略）

《個別報告》午前9時20分〜11時25分
　山下昇（久留米大学）「中国における雇用の流動化と労働関係の終了」
　斎藤善久（日本学術振興会特別研究員）「ベトナムの市場経済化と労働組合」
　皆川宏之（京都大学大学院）「ドイツにおける被用者概念と労働契約」
　寺山洋一「労働関係の内閣提出法律案に対する修正に至るまでの立法的な過程について」

《特別講演》午前11時30分〜午後0時15分
　高木剛（UIゼンセン同盟会長・連合副会長）「司法制度改革と『労働』」

《ミニシンポジウム》午後2時〜5時
　第1分科会：テーマ「労働契約法の新潮流――独仏の新制度をどうとらえるか」
　司会　：野田進（九州大学）
　報告者：奥田香子（京都府立大学），根本到（神戸商船大学），野川忍（東京学芸大学）

　第2分科会：テーマ「労働条件変更法理の再構成」
　司会　：盛誠吾（一橋大学）
　報告者：川口美貴（静岡大学），古川景一（弁護士）

　第3分科会：テーマ「契約労働をめぐる法的諸問題」
　司会　：毛塚勝利（専修大学）
　報告者：小俣勝治（青森中央学院大学），鎌田耕一（流通経済大学），永野秀雄（法政大学）

日本労働法学会規約

第1章 総　　則

第1条　本会は日本労働法学会と称する。
第2条　本会の事務所は理事会の定める所に置く。(改正，昭和39・4・10第28回総会)

第2章 目的及び事業

第3条　本会は労働法の研究を目的とし，あわせて研究者相互の協力を促進し，内外の学会との連絡及び協力を図ることを目的とする。
第4条　本会は前条の目的を達成するため，左の事業を行なう。
　1，研究報告会の開催
　2，機関誌その他刊行物の発行
　3，内外の学会との連絡及び協力
　4，公開講演会の開催，その他本会の目的を達成するために必要な事業

第3章 会　　員

第5条　労働法を研究する者は本会の会員となることができる。
　本会に名誉会員を置くことができる。名誉会員は理事会の推薦にもとづき総会で決定する。
　(改正，昭和47・10・9第44回総会)
第6条　会員になろうとする者は会員2名の紹介により理事会の承諾を得なければならない。
第7条　会員は総会の定めるところにより会費を納めなければならない。会費を滞納した者は理事会において退会したものとみなすことができる。
第8条　会員は機関誌及び刊行物の実費配布をうけることができる。(改正，昭和40・10・12第30回総会，昭和47・10・9第44回総会)

第4章 機　　関

第9条　本会に左の役員を置く。
　1，選挙により選出された理事（選挙理事）20名及び理事会の推薦による理事（推薦理事）若干名

2，監事　2名
（改正，昭和30・5・3第10回総会，昭和34・10・12第19回総会，昭和47・10・9第44回総会）
第10条　選挙理事及び監事は左の方法により選任する。
　1，理事及び監事の選挙を実施するために選挙管理委員会をおく。選挙管理委員会は理事会の指名する若干名の委員によって構成され，互選で委員長を選ぶ。
　2，理事は任期残存の理事をのぞく本項第5号所定の資格を有する会員の中から10名を無記名5名連記の投票により選挙する。
　3，監事は無記名2名連記の投票により選挙する。
　4，第2号及び第3号の選挙は選挙管理委員会発行の所定の用紙により郵送の方法による。
　5，選挙が実施される総会に対応する前年期までに入会し同期までの会費を既に納めている者は，第2号及び第3号の選挙につき選挙権及び被選挙権を有する。
　6，選挙において同点者が生じた場合は抽せんによって当選者をきめる。
　推薦理事は全理事の同意を得て理事会が推薦し総会の追認を受ける。
　代表理事は理事会において互選し，その任期は1年半とする。
　　　（改正，昭和30・5・3第10回総会，昭和34・10・12第19回総会，昭和44・10・7第38回総会，昭和47・10・9第44回総会，昭和51・10・14第52回総会）
第11条　理事会及び監事の任期は3年とし，理事の半数は1年半ごとに改選する。但し再選を妨げない。
　補欠の理事及び監事の任期は前任者の残存期間とする。
　　　（改正，昭和30・5・3第10回総会）
第12条　代表理事は本会を代表する。代表理事に故障がある場合にはその指名した他の理事が職務を代行する。
第13条　理事は理事会を組織し，会務を執行する。
第14条　監事は会計及び会務執行の状況を監査する。
第15条　理事会は委員を委嘱し会務の執行を補助させることができる。
第16条　代表理事は毎年少くとも1回会員の通常総会を招集しなければならない。
　代表理事は必要があると認めるときは何時でも臨時総会を招集することができる。総会員の5分の1以上の者が会議の目的たる事項を示して請求した時は，代表理事は臨時総会を招集しなければならない。
第17条　総会の議事は出席会員の過半数をもって決する。総会に出席しない会員は書面により他の出席会員にその議決権を委任することができる。

第5章　規約の変更

第18条　本規約の変更は総会員の5分の1以上又は理事の過半数の提案により総会出席会員の3分の2以上の賛成を得なければならない。

学会事務局所在地
　　　　〒192-0393　東京都八王子市東中野742-1中央大学法学部研究室内
　　　　　　電話・ＦＡＸ　0426(74)3248
　　　(事務局へのご連絡は毎週火曜日午後1時より4時までの間に願います)

SUMMARY

Public Service System Reform and the Scope of Public Servants

Satoshi SHIMIZU

The past several years have brought fundamental changes to the public sector in Japan.

"Industry and services previously under public ownership have been privatised, and a variety of functions within public services has been contracted out private sector operators and Independent Administrative Institutions. And within the remaining areas of public sector employment, attempts are being made to import market-oriented employment practices such as performance-related pay to improve efficiency.

These public service system reforms have narrowed the scope of the public sector. It affects the right of employees because public servants have traditionally been subject to a separate and more restrictive labour law regime than their private sector counterparts.

First, this article seeks to examine the question of whether the new scope of the public sector is followed by reasonably demarcating the scope of the public servant, secondly,of whether the new scope of the National Public Servant equals 'public servants engaged in the administration of the State' in Article 6 of ILO Convention No. 98.

Diversity of Systems to Determine Working Conditions in the Field of Public Sector and Collective Bargaining Process —— Through Some Examinations into Independent Administrative Institutions

Masaru WATANABE

I Introduction

II System to Determine Working Conditions of the General Civil Servants at the National Level and "Bargaining" Process between National Government and Public Sector Unions

1 Legal Framework
2 "Bargaining" Methods
3 "Bargaining" Patterns

III Independent Administrative Institutions and their Labor Relations

1 Legal Framework
2 Some Hypothetical Patterns of "Bargaining" Process in the Field of Independent Administrative Institutions

IV Legal Characteristics of Each "Bargaining" Process

1 What Kind of "Bargaining" Process can be said to be Legally Protected as Collective Bargaining : Before Reorganization into Independent Administrative Institutions
2 What Kind of "Bargaining" Process can be said to be Legally Protected : After the Reorganization
3 Rules concerning Collective Bargaining Process
4 Remedies for Unfair Practices by Employers in the Course of Collective Bargaining

V Conclusion

New Ideas concerning Collective Labor Relations Laws for the Civil Servants

Testunari Doko

Recently, the Japanese Government drafted the Reforming Plan on the administrative system of the Civil Servants The plan includes reductions of Civil Servants and an introduction of a new personal management system, but does not talk about the reforms on the Collective Labor Relations system. This article tries to bring up the new ideas on Collective Labor Relations Laws for Civil Servants. My conclusions are as follows:

1) Collective Labor Relations laws on Civil Servants should basically be modified in accordance with the Collective Labor Relations laws of private employees. Thus the Civil Servants Union should be assured the right to "bargain" collectively and the right to conclude the collective agreement that binds both parties.

2) Currently, Civil Servants Union is not permitted to bargain about the matters pertaining management and operation of the official affairs. Nonetheless, Civil Servants Union should have the right to "consult" with each public department about the substance of the official duties itself.

3) Adjusting the "autonomy of labor management" concerning labor conditions should be kept under the power of the Diet, that provides the special working conditions.

4) Civil Servants Union should have the right to represent the entire Civil Servants in the unit and should have the duty to represent their interests fairly.

Der Arbeitsvertrag und der Arbeitnehmerbegriff in Deutschland

Yoko HASHIMOTO

In diesem Aufsatz wird es untersucht, ob der Arbeitnehmerbegriff in allen arbeitsrechtlichen Gesetzen in Japan einheitlich begriffen werden muss, oder ob er teleologisch, und damit relativ begriffen werden muss. Ferner ist es auch die Frage, in welchem Verhältnis der Arbeitnehmerbegriff des Arbeitsrechts zu dem des Versicherungspflichtigen im Sozialversicherungsrecht steht. Um diese Fragen umfassend erörtern und klären zu können, möchte ich rechtsvergleichende Untersuchungen bzgl. des deutschen Arbeitsrechts durchführen.

Im Zusammenhang mit dem Problem des Anwendungsbereiches des Arbeits- und Sozialrechts ist auch die Beschäftigungspolitik sehr wichtig; die Fürsorgepflicht, die dem Arbeitgeber für den Arbeitnehmer obliegt und unter anderem zur hälftigen Übernahme der Beitragspflicht für Sozialabgaben führt, stellt für den Arbeitgeber eine Last dar. Deshalb versuchen neuerdings einige Arbeitgeber diesen Regelungen zu entgehen. In Deutschland wird dieses Problem auch unter dem Stichwort „Scheinselbständigkeit" viel diskutiert.

Andernfalls erwartet man arbeitsmarktpolitisch die Selbständigkeit als Weg aus der Arbeitslosigkeit. Gemäß des zweiten Hartz-Gesetzes wurde der §7 IV SGB IV durch Art. 2 Nr. 2 des Gesetzes geändert. Für Personen, die für eine selbständige Tätigkeit einen Existenzgründungszuschuss nach §421m SGBⅢ beantragen (so-genannten, „Ich-AG"), wird nunmehr widerlegbar vermutet, dass sie in dieser Tätigkeit als Selbständige tätig sind.

In Deutschland ist es klar, dass auf den Arbeitsvertrag sämtliche arbeitsrechtlichen Gesetze Anwendung finden. Es gibt in Deutschland die arbeitnehmerähnlichen Personen als Zwischenkategorie zwischen dem Arbeitnehmer und dem Selbständigen. Auf ihn finden Teile der arbeitsrechtlichen Gesetze Anwendung.

Die Einheitlichkeit des Arbeitnehmerbegriffs ist eines der wichtigsten Charakteristika des deutschen Arbeitsrechts, obwohl es in Deutschland viele arbeitsrechtliche Gesetze mit unterschiedlichen Regelungsgegenstand bzw. Normzweck gibt. Außerdem stellt der Arbeitnehmerbegriff historisch eng im Zusammenhang mit dem Begriff des Beschäftigten im Sozialversicherungsrecht in Deutschland. Mit der Sozialversicherung wurde die Masse der „Arbeitnehmer" ins Reich integriert und damit wurde das Arbeitsrecht als das Statusrecht begründet.

Die Einheitlichkeit oder Relativität des Arbeitnehmerbegriffs und die Möglichkeit der Begriff der arbeitnehmerähnlichen Personen möchte ich weiter untersuchen.

編 集 後 記

◇ 日本労働法学会誌は，本号から，カバーデザインを一新し，組み方も従来の縦組から横組に変更した。前号からはじめている，学会誌刷新の一環である。101号という節目に学会誌の大胆な刷新を図ることは，これからの学会のあり方に対しても一つの刺激になるものと確信する。

◇ 本号は，2002年10月6日（日）に山口大学において開催された104回大会の統一テーマ，「公務員制度改革と労働法」を中心に編集されている。学会において公務員労働法制が正面から取り上げられたのは第47回大会（1974年）以来である。当時の中心はストライキ権問題であったが，今回は，公務員制度の変容の中で，公務員のあり方から労働条件決定システムまで，広範な問題が取り上げられた。新たな段階での公務員労働法研究の重要な出発点となった。

◇ 長年にわたって，労働法学および本学会の発展に寄与された，元代表理事・山本吉人会員（茨城大学名誉教授）と元理事・窪田隼人会員（立命館大学名誉教授）が相次いで逝去された。故山本会員に対しては籾井常喜会員（東京都立大学名誉教授）の，故窪田会員に対しては吉田美喜夫会員（立命館大学教授）の心のこもった追悼文が掲載されている。謹んで両会員のご冥福をお祈りしたい。

◇ 編集委員会は変更された学会誌編集体制にだいぶ慣れてきたが，本号の発行にあたっても，学会誌の刷新問題も重なり，法律文化社編集部の秋山泰さんと田多井妃文さんに引き続き大変お世話になった。ここに記して謝意を表したい。　　　　　　　　　　　　　　　　　　　　　　　　　（石田眞／記）

《編集委員会》
盛誠吾（委員長），石田眞，石井保雄，川田琢之，小西康之，佐藤敬二，武井寛，谷本義高，中内哲，永野秀雄，水町勇一郎，本久洋一，山川隆一

公務員制度改革と労働法　　　　　日本労働法学会誌101号

2003年5月10日　印　刷
2003年5月20日　発　行

編 集 者　日本労働法学会
発 行 者

印刷所　株式会社　共同印刷工業　〒615-0064　京都市右京区西院久田町78
　　　　　　　　　　　　　　　　　　電　話　(075)313-1010

発売元　株式会社　法律文化社　〒603-8053　京都市北区上賀茂岩ヶ垣内町71
　　　　　　　　　　　　　　　　　電　話　(075)791-7131
　　　　　　　　　　　　　　　　　Ｆ Ａ Ｘ　(075)721-8400

2003 © 日本労働法学会　Printed in Japan
装丁　白沢　正
ISBN4-589-02673-2